点醒父母

韩丽◎编著

书虫文化◎绘

北方妇女儿童出版社
·长春·

图书在版编目（CIP）数据

点醒父母 / 韩丽编著 ；书虫文化绘. -- 长春 ： 北方妇女儿童出版社，2024. 6. -- ISBN 978-7-5585-8662-0

Ⅰ. G78

中国国家版本馆CIP数据核字第20246RG557号

点醒父母

DIANXING FUMU

出 版 人	师晓晖	
策 划 人	陶　然	
责任编辑	关　巍	
插图绘画	书虫文化	
开　　本	720mm×1000mm	1/16
印　　张	10	
字　　数	224千字	
版　　次	2024年6月第1版	
印　　次	2024年6月第1次印刷	
印　　刷	阳信龙跃印务有限公司	
出　　版	北方妇女儿童出版社	
发　　行	北方妇女儿童出版社	
地　　址	长春市福祉大路5788号	
电　　话	总编办：0431-81629600	
定　　价	59.80元	

　　"父母之爱子，则为之计深远。"从孩子出生的那一刻起，父母就对他们寄予了热切期望。父母希望通过自己的努力和付出，为孩子创造更好的条件和机会，让孩子成为一个有价值观、责任感、家庭观念，一个幸福和成功的人！

　　这样浓烈又急切的期望，又常常让父母陷入矛盾：每一位父母都认为自己的孩子是独一无二的，同时又希望自己的孩子具备其他孩子身上的一切优点，父母担忧强势的教育方式不能让孩子正向成长，同时又频繁地将自己的想法施加给孩子。

　　父母的意义，不在于给子女富足的物质生活，而是当子女想到父母时，内心充满力量。育儿是一次父母的成长修行之旅，通过育儿的过程，父母能够不断成长、丰富自己的人生经验，同时也为孩子的成长和发展提供帮助与指导。所以希望为人父母的都明白：父母与子女之间的互尊互爱才是最好的教育。

　　在孩子成长的过程中会遇到各种问题，学习和成绩问题、行为和纪律问题、心理和情感问题、社交和人际关系问题，痴迷手机游戏，逆反躺平，跟父母对抗等。孩子遇到问题，需要父母给他们赋能帮助，所以，务必请父母们要站在他们的维度，多份耐心和技巧，用和善与坚定的正面管教的方式，帮助他们走出困难，引领孩子成长。

　　全书通过"你是这样的父母吗""敲警钟""点醒父母""教育小妙招儿"等板块，让父母学会平等地与孩子相处；读懂孩子的心，了解孩子消极行为背后的原因；温和教子，用温柔的语言与孩子沟通；正面管教，做严格而不严厉的父母，让家庭教育变得更有温度。

　　最后，希望本书能够引导父母对强势的教育方式进行反思，学习更积极的教育方式，并通过提升自身的远见和格局，放弃强势做法，学会用包容、乐观和热情的心看待孩子的成长。

目　录

目录

有效沟通

做情绪稳定的父母

你是这样的父母吗

父母越强势，孩子越叛逆

说了几遍让你挺直腰板写作业，听不懂话吗？

知道了，妈妈你真烦！

几点了还不睡觉，就知道看电视！

你也没睡呀，凭什么要我睡！

这次测验你竟然不及格，我看你就是欠揍！

你再打我，我就再也不去上学了！

这孩子，数落他两句，就离家出走了。

真不听话，看我找到他后怎么收拾他！

在日常生活中，但凡孩子没有按要求做到一些事，强势的父母便会喋喋不休，抓住孩子的痛处不放，将自己愤怒的情绪尽情地发泄出来。在这个过程中，孩子的心理承受能力会渐渐达到极限，一部分孩子会选择与父母对抗，用极端逆反行为表达对父母的不满。

敲警钟：不做强势父母

强势的父母不善于控制自己的情绪，总是想说什么就说什么，习惯用独断命令的方式与孩子沟通，甚至打骂孩子而不考虑孩子是否能够接受，这样不但不能达到教育的目的，还会给孩子造成诸多不良影响。

你为什么不先给我？你是不是故意不给我的？

我不是故意的！

叛逆或软弱

父母总是用命令的口气跟孩子说话，孩子容易变得胆小、懦弱，甚至出现叛逆心理，容易变得脾气暴躁、敏感。

扼杀创造力

在大人眼里，听话的孩子就是乖孩子，这其实是在扼杀孩子的创造力。

一天真不知道你都在想些什么？净想些没用的！

爸爸，地球如果失去引力会怎么样呢？

不是不让你穿这件衣服吗？去换掉！

那您帮我选吧！我随便！

限制自主能力

孩子即使没有按照父母的要求去做，也不要对他们用命令的口气，否则孩子的自主能力会被限制。

3

点醒父母：要找到孩子对抗背后的原因

父母遇到孩子发生逆反心理时，不要单方面指责，而要尝试了解背后的原因。

家长太严厉

孩子做错事情，很多家长对其进行体罚而不会考虑孩子的自尊心。

这事根本不赖我！

不许找借口，打架还有理了！到门外站着去！

我找了一位最好的美术老师给你上课！

可是我不喜欢画画！

期望值太高

不考虑孩子的意愿及兴趣，提前给孩子规划好各种补习班或特长班，结果只能适得其反。

压抑孩子的好奇心

孩子具有很强的探索心理，家长却不以为然，认为孩子在胡闹，不问明原因就打骂或斥责孩子。

天哪！脏死了！你在干什么？！快走开！

嘻嘻！听说洗洁精可以做泡泡水！

一说到玩就高兴！要是把这劲头用在学习上早就成学霸了！

妈妈，我约了强强去打球！

家长反复唠叨

几乎所有的家长在教育孩子时都会不停地唠叨，这会让孩子产生心理上的障碍，即使家长说得有理，他们也不愿意接受。

缺乏一定的沟通和交流

家长总是以忙为由很少跟孩子沟通交流，这样势必得不到孩子的尊重，导致他们常常以沉默和粗暴来对待父母。

你忙我就不忙了！

爸爸，明天你能不能……

不行！不行！我这阵都很忙！有事去找你妈妈！

教育小妙招儿：如何巧妙化解孩子的对抗情绪

青春期的孩子容易钻牛角尖，他们会为了与父母对抗做出非理性的事情。所以父母需要用"四两拨千斤"的方式化解孩子的对抗情绪。

暂缓处理的方式

如孩子回家很晚，父母可以说："这么晚回来我好担心，赶快先睡觉，明早再聊。"再比如，看到孩子成绩下滑时，父母可以说："我猜你一定也很失望吧，晚饭后再说。"这种暂缓处理的方式会让孩子卸掉准备好的对抗，自觉去反思，自然去醒悟。

先休息，时间不早了，明天我们再聊。

爸爸，我今天……

今天有什么开心的事情吗？

我告诉你一个秘密！不许说出去哟！

要学会陪伴与沟通

每天抽时间和孩子聊一些他们喜欢的人和事，遵循少说多听的原则。与孩子建立信任后，孩子才会更好地听取你的意见。

要尊重孩子

孩子做事希望得到家人的尊重，同时这也是他们渴望独立的一种表现，所以父母要将孩子当作成人来看待，做任何事都要询问他们的意见。这对于渴望自立的孩子们来说，是相当重要的。

妈妈，这学期学校的社团活动我可以自己决定吗？

能够有自己的想法，我们当然得支持！

不要给孩子太多的压力

许多父母认为，学习才是最重要的事。为此，父母会为子女处理所有的事情，从而保证他们能够在学习上心无旁骛。可是这反而给孩子带去更多的压力。一旦压力累积到了一定程度，孩子们就会被迫进行反抗。

快去学习吧！学习好比啥都强！

妈妈，我帮你洗吧！

你是这样的父母吗

快点儿吃！吃完饭去写作业！成绩不好也不知道着急！

听说你今天打小抄儿了？以后别说你是我儿子！

又和同学打架，上次的事我还没和你算账呢！

小孩子闹着玩儿，道什么歉？下次注意就行了！

去和弟弟道个歉！

现在就撒谎，长大了不得去偷去抢啊！

当孩子犯了错时，有的父母常常被气愤冲昏了头脑，采用吼叫、责骂等方式批评孩子，其实这是非常不理智的，不但起不到教育孩子的效果，反而会让孩子产生更加逆反的心理。

敲警钟：批评孩子不能触碰的底线

我犯错误时爸爸就是这么教育我的！

你越吼，孩子越极端

吼其实是一种语言暴力。被吼的孩子性格上会有两个极端：要么处处小心，如履薄冰；要么被激怒，从此变成和父母一样的人。教育孩子，吼是最没有效果的教育方式。

从批评上升到打击孩子

俗话说："良言一句三冬暖，恶语伤人六月寒。"父母的打击式教育，比家暴更可怕！批评孩子，一定不要再自以为是地打击孩子。

这么简单的题都做错，你真是太蠢了！

说，到底错没错？

不注意时间和场合随意批评孩子

古人云七不责：对众不责、愧悔不责、暮夜不责、饮食不责、欢庆不责、悲忧不责、疾病不责。父母批评孩子要有分寸，不当众揭短，要看时间，讲技巧，正确地批评教育孩子。

点醒父母：批评教育孩子要讲究方式方法

父母是孩子的"第一任老师"，父母所采取的批评态度以及批评的方式直接影响孩子未来的成长。采取有效的批评方式能够及时帮助孩子改正错误、改掉坏习惯，让孩子从错误中吸取教训，慢慢变成一个有担当、有责任心的孩子！

不在人前批评

孩子是有自尊的，当父母在公共场合或者外人面前批评孩子时，孩子的内心会被恐惧等情绪占据，并不能很好地认识自己的错误，父母的批评不但没有起到什么作用，反而会打击孩子的自尊心。

什么都不会，只知道傻玩！你看看人家童童！

快去写作业，抓紧时间！

休息一会儿再写，不差这点儿时间！

我要休息一会儿再写！

父母的意见要一致

父母在批评教育孩子之前，首先要注意的是对孩子的教育方法与说辞要一致。这就需要父母事先进行沟通，得出一个共同认可的教育结论，再对孩子进行教育。

惩罚措施要具体

当孩子做错事时，父母对孩子的惩罚措施要具体，要提醒孩子不应该做什么，因为他们很有可能会很快忘记父母的话语。而在奖励孩子时，也要将原因讲给孩子，让他们印象深刻。

废纸不可以随地乱扔！从今天开始，你来负责家里的垃圾清扫！

遵循自然惩罚法则

在对孩子进行批评教育时，比起人为惩罚措施，自然的惩罚措施更容易让孩子接受。所谓自然惩罚法则，就是让孩子学会对自己的行为负责，让他们尝一尝"自作自受"的滋味，强化痛苦体验，从而吸取教训，改正错误。

妈妈，我的作业卷子找不到了。

只能重写一遍了！

教育小妙招儿：批评孩子的语言技巧

每个人的内心都有追求快乐、逃避痛苦的情绪倾向，都喜欢得到赞美和肯定，而害怕被人批评，因此父母在给孩子指出问题时，应先赞美，然后给建议，再送上期许。这样，既可以把问题表达清楚，又照顾了孩子的心理感受，还拉近了双方的距离，让沟通更顺畅，孩子会更容易接受你的意见！

第一步：肯定和接纳孩子（先与孩子建立情感连接，为接下来的沟通打基础）。

第二步：指出问题并提出建议（当孩子感受到你的善意时，更愿意接受批评和建议）。

第三步：表达鼓励和支持（给予孩子解决问题的信心，让彼此的心靠得更近）。

你是这样的父母吗

相信这些场景每天都在很多家庭中发生，父母对孩子无微不至，每天重复地唠叨嘱咐，生怕孩子出一点儿错。越来越多的父母由于过度担心孩子而成为"唠叨妈妈""唠叨爸爸"，孩子却越来越不领情，不耐烦，甚至产生厌烦和反抗心理。

妈妈，我吃饱了！

你要多吃点儿！听话！再吃点儿！

和你说过多少次了，不要总想着玩！要好好学习！不然总有一天你会后悔的！

多穿点儿！都是为你好，就是不听话！

快点儿写！提高效率！一天磨磨蹭蹭的，你看人家晶晶作业写得可快了！

敲警钟：越唠叨孩子越不听

　　父母过多的叮咛，并不能达到预期的效果，反而会因为过于唠叨使孩子感到不耐烦而听不进去，或者听得太多感到麻木，这都是因为产生了"超限效应"。如果对于同一个问题，父母多次用同样的话语管教孩子，就会使孩子原本有些内疚不安的心情转变为不耐烦，最后发展到反感至极，甚至出现"我偏要这样做"的逆反心理。

好好坐着！不然你的视力还得下降！

注意姿势！

你看你坐得！你的眼睛要不要了？

和你说过多少次了！

　　什么是超限效应？人们在受到外界刺激过多、过强或者作用时间过久时，会使人的心理极不耐烦甚至产生逆反情绪，这种心理现象就叫作"超限效应"。

点醒父母：要做个"懒"爸爸"懒"妈妈

怎么不动笔了呢？是不是又在偷偷地玩呢？

眼睛要懒

其实孩子的很多问题都是家长盯出来的，稍有一点儿不对，就赶紧去打断，有一点儿差错就急着去纠正，总是害怕孩子做得不够好，但是到最后结果往往是适得其反。

嘴巴要懒

懒得催促，才能培养孩子的自主性；懒得唠叨，才能让孩子拥有自己的主见；懒得批评，才能帮助孩子树立自信心。

不用督促，她自己主动读书了。

你是怎么考的？为什么打这么点儿分？是不是上课没听讲！

心要懒

孩子不好好吃饭，不好好睡觉，考试考砸了，遇事缓一缓，别急躁，别吼别闹，放缓心态再教育孩子。

15

教育小妙招儿：让孩子心悦诚服地接受父母的观点

在教育孩子的过程中，如果父母掌握说服孩子的方法与技巧，就能让孩子心悦诚服地接受自己的观点，收到事半功倍的教育效果。

严格但不粗暴

在管教孩子时，可以用直接的而不是刺伤孩子的话语进行正面管教，同时要学会称赞孩子而不是处处责怪他（她），这能避免很多亲子矛盾。

你的房间看上去真乱！

请你把玩具收拾好！

就事论事

不翻旧账、不胡乱攀扯，讲事情就只针对当前这件事，当父母不唠叨的时候就是跟孩子有良好沟通的开始。

我说了你多少次了要提高学习效率！效率不高，学习态度也不认真，真不知道你以后可怎么办？！

今天作业大概需要多长时间？希望你在规定时间内完成！

你是这样的父母吗

不给孩子大胆表达的机会

不尊重孩子表达的权利，总是随意打断孩子的讲话，或者不理不睬，时间长了，孩子便失去了表达的欲望，变得被动且消极。

一天天能不能想点儿有用的！

妈妈，地球如果失去引力会怎么样呢？

随意地取笑孩子

不把孩子当作一个平等的个体去看待，忽视孩子的羞耻感，随意地取笑孩子，给孩子的心灵造成巨大的伤害。

长这么难看，穿什么衣服都一样！赶紧随便选一件吧！

我长得难看还不是随你！

不给孩子独立选择决策的机会

有些父母喜欢为孩子决定一切，习惯独断一切，他们认为好的事情便一定要孩子也去喜欢；而对于他们厌恶的事情，如果孩子感兴趣就会被严厉地批评，导致孩子在生活中失去独立性。

博 物 馆

游乐场

游乐园有什么好玩的！还是去博物馆吧，可以增长些见识！

妈妈，我们去游乐园吧！

不支持孩子与同龄人交往

父母常常会因为担心孩子在和同龄人的交往中受到伤害或不良影响而不支持孩子和同龄人过多来往，这种干预看似是在保护孩子，实则会阻碍孩子与人的正常交往。

不行！去什么去！

妈妈，我想和同学去……

敲警钟：尊重孩子就是躺平吗

尊重孩子不等于躺平，尊重孩子是有前提条件的。

我是你妈妈，你必须听我的！

我不想去学足球！

首先，认识到孩子是一个独立的个体

从孩子的角度去理解孩子。

生日聚会有什么好参加的，别去了！妈妈给你买一个大蛋糕！

妈妈，我有交朋友的权利！

其次，要理解儿童发展的特点和规律

儿童有生理、认知、情绪、社会化发展，要尊重一个人发展的客观规律。

妈妈，我不想和你去李阿姨家做客，我想和爸爸去图书馆！

好的，妈妈知道你喜欢安静！

最后，要了解孩子的个性特点

父母在与孩子的相处与陪伴过程中要全面了解孩子的个性特点。

点醒父母：父母的核心教育是尊重

孩子在成长过程中，父母要端正自己对待孩子的态度，要做到从内心尊重孩子，把孩子当作一个平等的个体看待。每个人在成长过程中对自己都会有一个总体上的认知，这是自我知觉和自我评价的统一体，孩子也是如此。而孩子的自我认知与父母如何看待他们紧密相关。所以，父母应该尽力为孩子营造能够培养自尊的家庭环境，让孩子在一个没有心理伤害的环境下快乐地成长。尤其是处于青春期的孩子，他们只有在能够得到认同以及被尊重时，才愿意与父母建立沟通的桥梁，教育才会有效果，亲子关系也才会更加融洽。

被父母尊重的孩子才能感受到爱

有时父母不把孩子看作一个与自己平等的人，常常以爱之名，进行着不尊重孩子的"压迫式教育"。得不到尊重的孩子，很难感受到来自父母的爱和信任，亲子关系只会越来越差。

最近真是越来越叛逆了。

我的事情不用你管！

被父母尊重的孩子才会更自信

当孩子的想法和行为被父母尊重，得到了来自父母的肯定时，孩子才能够看到属于他们的未来和自信。

没关系的，我其实也好奇这里面究竟有什么，现在爸爸可以帮你把它再重新安装好！

爸爸，我只想看看里面是什么样的！

被父母尊重的孩子才能尊重他人

孩子学到尊重的第一课，就是自己被尊重的经历。受到过大人尊重的孩子才能体会到被尊重的感觉，才能明白尊重他人的意义。

童童，我们不应该乱扔垃圾！我们应该学会尊重他人的劳动成果！

教育小妙招儿：如何真正地尊重孩子

我们深知没有完美的教育就没有完美的小孩儿。成长中，父母不要因为焦虑而苛责他们，先多听听孩子说话，我们鼓励他们有多种探索世界的方式，只要不涉及危害他人人身安全、影响他人的行为，就以平和开放的心态迎接孩子的变化，给予孩子足够的尊重吧。

尊重孩子的人格

孩子的自尊心很容易被父母忽略，孩子虽小，但是也有自己的人格，孩子和父母在人格上是平等的，所以父母要尊重孩子的人格。孩子犯了错误，父母不应该用语言侮辱孩子，也不应在外人面前指责孩子，要尊重孩子的人格。

考这么差还好意思吃饭！

尊重孩子表达的权利

　　孩子也有自己的想法和主张，在孩子表达意见时，父母不应该粗暴地打断，或者不理不睬，要让孩子的话语权得到尊重。只有这样，孩子才会感受到平等，才不会因被长期压制而产生性格缺陷。

阳阳在比赛前做了很详细的训练计划！

乐乐，妈妈想听听你的想法，你为什么觉得阳阳能获胜？

尊重孩子选择的权利

　　父母要学会尊重孩子，不应忽略孩子的意愿。父母一方面要提醒和帮助孩子，做好引导工作；另一方面也要尊重他们的自主想法，给孩子机会去验证自己的思考。当孩子学会了选择，便会逐渐获得一种对人生很有帮助的能力，即自我调整能力。

妈妈，您推荐的这本书不适合我！

淘淘，你可以根据需要自己选择书籍！

23

你是这样的父母吗

赏识与肯定的力量不容小觑。如果一个孩子生活在鼓励中，他（她）就学会了自信；如果一个孩子生活在认可中，他（她）就学会了自爱。每个孩子都需要家长用欣赏的眼光去发现他（她）的独特之处，家长的欣赏与鼓励是孩子不断成长的动力。

用全面的眼光看待孩子

所谓的全面，就是除了文化课的成绩以外，孩子的性格、兴趣爱好、文明礼貌、卫生习惯等，这些都是评价孩子的因素，哪一点表现得优秀，都需要我们去强化。

能够尊老爱幼，妈妈为你感到骄傲！

奶奶，您坐我这里吧！

用发展的眼光看待孩子

父母要善于拿孩子的今天跟孩子的昨天、前天比，而不是跟别的孩子比。比如孩子某天表现得较好，某次考试有进步等，这些都应该及时给予肯定。

已经很好了，妈妈为你感到高兴，你通过努力已经取得了很大的进步！

妈妈，我还是没有考好！

宝贝，没关系的，只要及时反思与总结问题产生的原因，妈妈相信你下次一定会有进步的！

妈妈，我今天数学考试没有及格！

用辩证的眼光看待孩子

每个孩子都会犯错，都有缺点和不足，家长要具体事情具体分析。比如孩子的某次考试成绩不理想，不能因为分数较低就只顾批评，而是要给予孩子自信心，帮助孩子找出问题所在。

从小生活在充满爱和被赏识的环境下的孩子，内心会充满自信和正能量，长大之后即便面对生活中的挫折，也不会轻言放弃。因此，发自内心地对孩子的变化和进步予以肯定，孩子就会将这样的收获与自信内化到思维深处，不断累积、不断发酵，最终在面对越来越多的实际问题时发挥出积极作用。

敲警钟：赏识并不是简单的赞扬

"赏识"不能简单地等同于"赞扬"或"奖励"，更多地要针对孩子已完成的良好行为、已取得的优秀成绩给予孩子肯定的评价。赏识的应该是孩子做事的过程、努力的过程，目的是让孩子有信心坚持下去。

宝贝，你找到了解决问题的方法，很聪明！

生活中妈妈如果总是用"最聪明的""最能干的"这样的语言鼓励孩子，会在不知不觉中给孩子太多的压力，令孩子对自己的期望过高。一旦孩子渐渐发觉并非如此，反过来有可能导致自我怀疑，并随之产生自卑、嫉妒等负面情绪。因此，不要不切实际地表扬孩子。

宝贝，你真是太聪明了！

点醒父母：如何把夸赞变成赏识与鼓励

赏识孩子并不是一件容易的事情，赏识得不够、赏识得过多，都会对孩子内心产生不良的影响。作为父母，我们要根据孩子的性格特点及心理，遵循一定的赏识原则对孩子进行表扬与鼓励，这样才能够让孩子在赏识教育中受益。

童童今天的作业写得很工整！

善于发现细节

不要笼统地表扬孩子"你真棒！""你真聪明！"而是发现孩子的细节方面的闪光点，并且表扬要具体。

军军今天按时完成了各科作业，军军的学习效率很高哇！

赋予特殊意义

表扬孩子的时候，能够赋予一个意义，就能对孩子起到鼓励的作用。

这次成绩的提升，如果我们总结一下学习方法，以后一定会取得更优异的成绩！

引导新的行动

表扬孩子的过程中在赋予一定的意义的同时，还要给孩子一定的引导。

27

教育小妙招儿：如何让"赏识"发挥最大的教育效果

首先，为孩子设定"小目标"

针对孩子的实际情况为孩子设定一个"够得着"的小目标，这本身就是一种有效的赏识。

如果你能更好地规划利用好每天的碎片时间，我相信你很快就会背完所有的单词！

妈妈，这本单词书里的单词太多了，我根本背不下来！

其次，给孩子积极的支持和鼓励

赏识最发挥作用的时候，应该是孩子想"跳"又有点儿怕的时候。这时，"赏识"就像一只有力的手在孩子后面用力推一把。

你的这篇文章写得很客观细致，我很喜欢！希望以后可以看到你更多的作品！

学习之道

让孩子爱上学习

父母越不理解孩子，孩子越容易厌学

你是这样的父母吗

"妈妈，我不想去上学了！"这是父母们最害怕听到的一句话。现在的生活安逸又富足，父母们完全不理解生活在蜜罐里的孩子为什么会厌学。那么，孩子厌学的本质真的是因为学习吗？不！厌学的本质是亲子关系中，孩子不被理解、不被关心、不被满足的委屈，被比较、被嘲讽、被抛弃等的恐惧，或者其他的不安全感。

人家田田真厉害呀，回回都满分……

我是不是笨死了！

做了就行了，哪来那么多事。

爸爸，我的手抄报做得不合格，同学们都嘲笑我！

怎么又在打游戏？作业写完了就不能多看会儿书嘛！

再看我也学不好，我就不是学习那块料。

怎么天天都在拍视频，把这劲头用到学习上多好！

学习有啥用？我关注的视频博主都没上过高中，现在不知道多赚钱呢！

敲警钟：厌学可能是孩子在向你求助

学习生活中很多学生都有过厌学逃学的念头或行为，包括一些成绩优异的学生，也会以逃学的方式回避压力。作为父母，很难接受孩子毫无缘由地逃避上学的行为，在父母的潜意识里，这是一种不上进的表现，但对孩子来说，"不想上学"有可能是他们遇到了无法克服的困难，在向你求助。因此，父母要找到孩子逃学不想去上课的原因并及时解决。

小孩子懂得什么是累，别找理由，快去上学！

妈妈，我累了，我不想去上学了！

点醒父母：什么原因导致了孩子厌学

沉迷游戏，不写作业，上课不听讲，甚至逃课……这些行为其实都表达了孩子的一种情绪：厌学。那它是怎么产生的呢？

家长导致厌学

有些父母对孩子期待过高，给孩子设置了太多学习目标，让孩子对学习产生了反感。还有一些父母因为平时工作忙，忽略了孩子的成长。时间一长，孩子缺乏父母的关爱和正确的引导，就容易出问题。

爸爸，可以陪我去运动吗？

我还有工作，哪有时间陪你！

所以父母要先解决自己的问题，不强迫孩子学习，寻找孩子的兴趣点，逐渐培养孩子的学习习惯，正确地爱孩子，增加有效陪伴的时间。

学校导致厌学

妈妈，我不想去上学了！在学校里没人理我！

一是孩子不喜欢老师，如老师讲课不生动或者老师比较严厉等。二是孩子不喜欢同学，如在和同学的交往中遇到了什么困扰，甚至是遭遇了校园霸凌等。父母一定要引起重视，积极与老师沟通，引导孩子正确解决这类问题，为孩子营造良好的学习环境，做好"家校共育"，随时关注孩子在学校的情况，有问题及时和老师、和校方沟通解决。

孩子自身的原因导致厌学

一种是孩子自身性格比较敏感，自尊心较强，过于看重成绩，害怕考不好，导致心理压力太大，无法承受，产生了逃避心理。针对这种情况，父母要关注孩子的心理，及时疏导孩子的情绪，排解压力。第二种是孩子的学习方法不对，导致虽然很努力，却出不了成绩。这就容易让孩子丧失自信心，所以父母要及时帮助孩子找到正确的学习方法。

我太笨了，什么都做不好！

你只是没有找到好的学习方法！

社会原因导致孩子厌学

社会上的一些不良现象被带到了校园里，影响到了孩子，比如一些不良的"三观"会在无形中改变孩子的认知，让他们产生攀比心理，不再愿意努力学习。所以父母平时要重视孩子的思想品德教育，自己说话更是要多注意，正家风，重根本，引导孩子树立正确的"三观"。

好好学习，为社会做出贡献！

我一定要好好学习！

教育小妙招儿：如何缓解孩子厌学问题

换一个思路或许可以。

为什么就是做不对呢？

每天花一点儿时间关注孩子的作业完成情况，有些难题和孩子一起解决，共同学习。

妈妈，我们学校组织厨房小帮手活动。

哈哈，太棒了！你可以帮妈妈一起准备晚饭。

积极参与学校布置的任务，鼓励和陪伴孩子完成任务。

哈哈，太棒了。

宝贝，我们去放风筝吧！

在孩子情绪不佳时，暂时放下成绩，带孩子出去玩一玩，放松一下。

父母越想掌控，孩子越不主动

你是这样的父母吗

妈妈的话：

为什么孩子做什么事都不主动，真是让孩子气死了，怎么这么不省心。什么事都要我催着、盯着，甚至吼着。

爸爸的话：

孩子要逼得紧一点儿，未来才能成才。听大人的才能少走弯路。

在生活中，一些父母总是想通过唠叨催促、指责训斥，甚至粗暴打骂，借助外驱力来迫使孩子变得"优秀"。殊不知，这种在外驱力驱动下的改变带来的感受却是痛苦和内耗。孩子一旦发现自己被监督、被催促，就会激发逆反心理。孩子不配合，又会引起父母的吼叫、指责、打骂。父母越是想要掌控，越是失控，最终彻底毁掉孩子对学习的兴趣。所以孩子内驱力的缺失根源在于父母的"控制"。一个没有机会进行自我掌控的孩子，不可能学会自我控制；一个被别人控制的孩子，怎么会有自己的驱动力？

敲警钟：这些问题都是因为缺乏内驱力

童童，你有什么好想法吗？可以说一说！

我……我……我没有什么想法！

缺乏主动性

"这孩子惰性太强了！"这是父母常常挂在嘴边的话。许多父母都有这样的困惑：孩子怎么那么懒？一点儿也不主动学习，催一下动一下。

缺乏责任感

缺乏内驱力的孩子做什么事都没有动力，他们习惯于被动地等待安排，甚至在团队中能不出力就不出力，总是想着还会有其他人去做，自己只要享受结果就好。

涛涛，明天咱们去帮老师布置教室吧！

我才不要去，有那么多人呢，为什么要我去？

走哇，我们一起去报名！

召集小演员

我不行！我真的不行！

缺乏自信心

经常被父母批评和指责的孩子会觉得自己真的什么事都做不好，从而自我否定，不敢去尝试，渐渐地自信心越来越弱，甚至会产生自卑心理。

点醒父母：孩子的内驱力从哪里来

内驱力是一个孩子最顶级的学习动力。一个有内驱力的孩子，会把学习当作一种乐趣，根本不用父母操心，乐于迎接挑战，在学习中收获满足感、成就感。这就是为什么有的孩子根本不用父母操心，总是能主动自觉地看书学习，而有的孩子，父母轮番上阵，苦口婆心，却还是拖延懈怠！那么，孩子的内驱力究竟从哪里来？

技能

当孩子做成功一件事时，他（她）会感到自己很棒，自己是成功的，这就是孩子对于技能的需求。比如，4 个月的孩子会自己翻身，1 岁的孩子可以自己吃饭，这些事情在成人看来特别不起眼儿，但是对不同阶段的孩子来说，就是他们最大、最成功的技能，这些技能的掌握会让他们感觉很棒！

太棒了，这是我吃过的最美味的食物！

妈妈，这是我做的！

自主感

　　每个孩子都有强烈的自主性，都喜欢探索模仿和掌控自己。保护孩子的自主感，会促进孩子内驱力的发展。孩子获得的自主感越多，越有投入这个领域的热情。保护孩子的自主感，就从放手让孩子做自己喜欢的、想做的事开始，这样才能让孩子一直保持学习的热情和不断上进的持久动力。

我自己可以画得更好！

妈妈帮你画吧！

关系

　　父母要让孩子明白：父母爱我，是爱我本身的模样，而不是"你不听话，妈妈就不喜欢你了""你要好好读书，不能给父母丢脸"。这些话就是在告诉孩子，你爱的是孩子的行为，并不是他（她）本身。孩子接收了这样的信息，就会害怕失去父母的爱。这时孩子也许会有驱动力，但这样的驱动力是源于外界的，一旦没有了父母的严防死守，他们就不再努力。

你再不好好念书，就别管我叫妈！我没有你这样的孩子！

教育小妙招儿：如何点燃孩子的内驱力

真正的教育，不是什么都管，更不是完全不管。在管和不管之间，我们还有一个选择，那就是唤醒。唤醒孩子内在的驱动力，让他们愿意变得更好，愿意做得更好。

善用鼓励的语言

在生活中，父母要善于使用鼓励性的语言：第一种："谢谢你 + 行为"的鼓励语言形式，如谢谢你帮妈妈倒水；第二种："我注意到 + 行为"的鼓励语言形式，即当父母发现孩子偶尔做得好的时候一定要及时正面反馈，如"你知道吗，我注意到从你坐在这里开始到现在已经整整 10 分钟了，这就是专注的表现"；第三种："我相信"的鼓励语言形式，如"我相信你的判断"。

谢谢你为妈妈洗了苹果。

制订合理的目标

首先要制订合理的目标，特别是制订一些小目标，小到一定不会失败，比如每天就背 5 个单词，只要有进步就算成功，让孩子相信自己能做好，让孩子获得成就感，循环往复，不断进步。

> 宝贝，你超额完成了今天的任务，居然可以连续跳 20 下跳绳了！

建立多巴胺系统

让孩子做自己喜欢的事、专业、领域。人在成功的时候，大脑会分泌一种快乐的神经递质——多巴胺，大脑分泌大量的多巴胺会让人产生愉悦甚至上瘾的感觉。所以父母可以帮助孩子建立健康的多巴胺系统，鼓励他们在自己感兴趣的领域不断努力。

> 画得更加逼真细腻了！一定要继续加油哦！

> 妈妈，我可以画得更好。

父母越催促，孩子越容易拖延

你是这样的父母吗

赶紧起床，再不起床你就自己在家吧！

看看现在都几点了，还不快起？

别磨蹭了，快点儿！

怎么还没吃完？

别磨蹭了，你看看这都几点了？赶紧写作业吧！

怎么一做作业，你就那么多事儿呢？

随着孩子的成长，他们的日常行动中会更多地体现出自主意愿，拖延的种子便也悄悄萌芽了。不少父母会发现，孩子变得喜欢磨蹭，亲子关系也变得越来越紧张。

敲警钟：是什么导致了孩子的拖延

有些孩子天生内敛、害羞，做事比较磨蹭，这样的孩子需要父母们耐心引导。但是，有些孩子并非天生的慢性子，他们的拖延通常与满足感的缺失有关，这就需要父母根据导致孩子们拖延的原因合理进行干预。

错误的时间观念

有些孩子时间观念不强，常常会认为时间还早，还有更多的时间来完成任务。

注意力分散

不够专注，无法集中注意力，总是会被零碎的事情影响。

缺乏兴趣

对要做的事缺乏兴趣，只想做自己感兴趣的事。

催促导致的逆反心理

有时父母的催促容易让孩子产生逆反心理，父母越着急，孩子反而越慢。

做事不分轻重缓急

做事分不清轻重缓急，东一下西一下，毫无头绪，无法排定优先顺序。

点醒父母：让孩子学会时间管理

父母们要意识到时间管理的重要性。孩子们只有学会合理、自主地分配时间，才能分出轻重缓急，把有限的时间和精力用到最有价值的事情上。

感受时间

想要孩子具备时间管理能力就要先让孩子了解时间，让孩子具有时间意识，如可以让孩子感受白天黑夜、四季等的变化。

你知道1分钟可以做哪些事情吗？

1分钟可以跳130下跳绳，可以背诵一首古诗……

为什么你能背下那么多单词呀？

我用早晨坐车、课间休息这些碎片化时间背诵，这样既不累，效果还非常好！

利用碎片时间

学会利用碎片时间，积少成多。

明确优先级

按时间四象限法则，给任务分类，并排序。

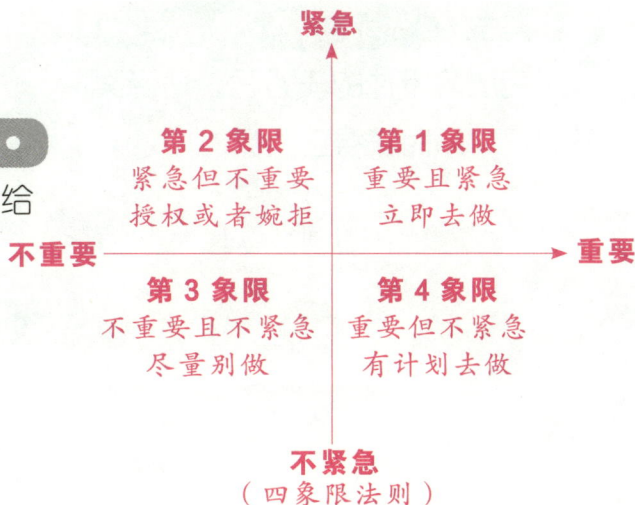

紧急

第2象限
紧急但不重要
授权或者婉拒

第1象限
重要且紧急
立即去做

不重要 —————————————— 重要

第3象限
不重要且不紧急
尽量别做

第4象限
重要但不紧急
有计划去做

不紧急

（四象限法则）

教育小妙招儿：击败拖延症

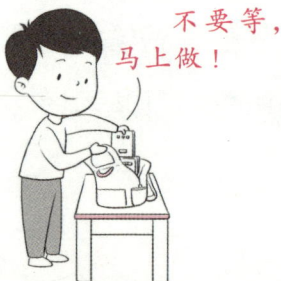

不要等，马上做！

2 分钟原则

凡是在 2 分钟内就可以完成的事，要立刻做完。

坚持 5 分钟！

5 分钟原则

不要管是否能够完成，先开始 5 分钟，然后再决定要不要继续做下去。

应该起床了！

立刻起床

听到闹铃立刻起床，不要给自己设置缓冲时间。

谢谢妈妈的小飞机！

建立奖励机制

完成阶段性的任务后，适当奖励自己，从而获得正反馈。

时间到了！

找一个监督人

通过外界力量的提醒和约束，强迫自己摆脱拖延。

父母越没方法，孩子越不能高效地学习

你是这样的父母吗

谁让你这三天一直在玩？写不完也要写！

我作业还没写完，我不去上学了！

妈妈，老师让我们预习明天的课，要怎么预习呀？

预习嘛，就是提前翻翻书！

怎么考这么点儿分！你到底有没有认真学习？

我一直都很认真哪！

是不是你写字太慢了？

老师的板书擦得太快了，我每次都抄不完。

父母们常常会羡慕"别人家的小孩儿"，看看人家，门门功课都优秀，再看看自家孩子，怎么那么简单的题都会做错？其实呢，每个孩子的情况都是不一样的，别人的成功经验也不一定能套用到自己身上，最重要的还是找到适合自家孩子的学习方法。

敲警钟：警惕孩子陷入假努力的陷阱

为什么孩子很努力勤奋，起早贪黑地学习，成绩却迟迟不见提升呢？我们的大脑是懒惰的，它喜欢做"轻松""熟悉"的事情。"真努力"是很累的，所以大脑想出了"假努力"来骗过我们！盲目前进，耗时间不顾效率，只做表面工作而不管内在消化，只会让孩子陷入认为努力的幻觉。如果父母发现孩子一直在学，然而成绩却退步了，则孩子可能已经陷入了学习的误区。

不爱动脑，只是为了完成作业。

熬夜学习到很晚，但效率却非常低。

课堂笔记写得工工整整，下课却从来不复习。

制订学习计划却从来不会执行。

上课只顾抄笔记，老师讲什么根本不听。

在图书馆玩手机，只是为了装装样子。

点醒父母：如何做到高效学习

掌握正确的学习方法，孩子才能在学习中达到事半功倍的效果。

学前预习

父母要帮孩子找到有效的预习方法。学习要有目标，预习就是帮孩子明确这次学习活动的主要目标是什么，结果是要掌握什么，然后带着这个明确的目标去进行学习。

只有预习了，才能有针对性地听课！

妈妈，为什么要预习？这就是在浪费时间！

上课时可以先认真听老师讲课，课下再找时间整理笔记！

老师语速很快，我一边记笔记一边听课效果不太好！

高效听课

一般来说，孩子的学习活动是在学校课堂上进行的，父母能做的就是帮他们找出最有效的听课方式。父母可以带孩子一起分析老师的讲课方式，找到最佳的配合方案，必要时也可以跟老师沟通。

妈妈，我都学会了为什么还要写作业，太浪费时间了。

作业是对一天所学知识的总结与巩固，非常重要！

配套练习

学习之后的练习是相当重要的，它能帮孩子找到学习当中没完全掌握的部分，及时补足。父母一定要重视课后的练习，最常见的就是家庭作业。家长也不用去给孩子辅导作业，重点是引导孩子发现错误并及时有效地进行改正。

总结反思

学习后的总结复盘是非常重要的，能让孩子找出现有学习方法的不足，进行优化。总结复盘，要循着整个过程一步一步地进行，分析整个学习过程中出现的问题，解决的方法，达成的目标，以及所用的时间。

爸爸，我明明这些题都会，为什么却没考出好成绩呢？

我认为如果你能提高答题速度，会考得更好一些！

教育小妙招儿：优化学习方法很重要

学习能力只有不断地提升，孩子的学习效率才会越来越高。而不管是提升能力，还是提高效率，都需要不断优化学习方法。

适当示弱，假装不理解题，和孩子讨论，让孩子来讲题，以此来观察孩子的掌握情况。

这道题妈妈怎么也想不明白为什么这样做，你帮帮妈妈吧！

哈哈，这都没看懂！

40分钟内完成这篇习题！

设置学习时间，强化孩子的时间意识，不要让孩子长时间耗在低效率的学习上。

教孩子使用思维导图、速记法、错题本，记笔记时突出重点和难点。

错题本是取得好成绩的法宝！

妈妈，我也要和你一起背！

随时了解孩子的学习情况，把握日常生活中的一切机会去引导和启发孩子，不拘泥于一时一地。

父母越重视培养，孩子的专注力越强

你是这样的父母吗

小花猫，你干啥呢？

注意力怎么这么不集中？唉！

我不想写了！

怎么做什么都这么没有耐心呢？

孩子注意力不集中，上课就会走神儿，做作业总是拖拉磨蹭，做什么事都是三分钟热度，父母看在眼里急在心里！其实这些都是专注力差的表现，父母要找出孩子注意力不集中的原因，在日常生活和学习中重视孩子专注力的培养。

敲警钟：培养专注力要从关注心理开始

父母在培养孩子专注力的过程中，要了解孩子的心理特点。心理原因是导致孩子注意力无法集中的主要原因之一。我们所说的培养专注力，培养的是有意注意，孩子心理上的主观意愿非常重要。一般来说，我们更容易注意到自己感兴趣的东西，所以应从心理层面培养孩子的专注力。

第一，父母要从兴趣方面培养

鼓励孩子多去探索，在孩子感兴趣的点里，引导他注意时间、范围和目标。

妈妈，我想画画！

当然可以，不过这次你要画出一幅完整的图画哟！

第二，父母要从目标方面培养

让孩子对目标结果产生期待，孩子就更愿意在过程中集中注意力了。

好的，我会加油的！

我们今天挑战背下 50 个单词，你一定可以的！

第三，父母要从态度方面培养

从认知层面、情感层面和意志层面，让孩子对所要注意的事物，比如学习本身，有良好的态度，他自然就愿意关注学习。

只要好好学习，你一定能实现梦想的！

妈妈，我也想当科学家！

第四，父母要从习惯方面培养

认真和坚持有时候就是一种习惯，我们会发现一个做事认真的人，干什么都会很认真，所以父母要从小培养孩子认真做事的习惯，孩子自然就会更容易专注。

童童，还差一点点就完成了，坚持就是胜利哟！

好的，妈妈，我会完成的！

点醒父母：如何培养孩子的专注力

针对孩子注意力无法集中的情况，父母可以采取哪些具体的方法和措施呢？

让孩子在规定时间内分阶段完成学习任务

改定时为定量，让孩子在规定时间内分阶段完成学习任务，如果孩子能够专心完成，父母要给予一定的鼓励，并让他休息5~10分钟，再以同样的方式完成下面的学习。

你在40分钟内专注地完成了作业，妈妈要给你点赞！

不干扰孩子做自己喜欢的事情

当孩子专注地做某件事情时，父母切记不要干扰孩子。要知道，孩子沉浸于他（她）的兴趣的同时，就是在无意中培养自己的注意力呢。

嘘！不要去打扰她！

当然可以，你可以很好地规划自己的时间！

妈妈，我按时完成作业了，我可以去玩球吗？

让孩子做自己时间的主人

教孩子学会分配时间，让他在相对短的时间内集中精力做好功课，以便有更多的时间做其他事情。孩子能自己掌控时间，有成功的感觉，做事会更加自信。

让孩子"大声朗读"训练注意力

每天安排一段时间（10~20分钟）让孩子选择他们喜欢的文章大声为父母朗读，这是一个口、眼、脑相互协调的过程。孩子在读书的过程中精力必须高度集中，才会读得准确。

只有注意力集中，才会读得这么准确！

妈妈，我一个字都没读错！

营造有利于集中注意力的家庭学习环境

孩子写作业的房间尽量不要放玩具和过多干扰他（她）注意力的东西，父母也尽可能不在孩子学习时进进出出，大声干扰，为孩子创设安静、整洁的环境。

累了吗？吃个苹果吧！

妈妈，我正在写作业，我一会儿再吃吧！

一次只专注于一件事

人的注意力是有限的，尤其是孩子的注意力正在发展过程中，同时进行多件事情，会损害注意力的有效集中。

写作业时要一心一意，听音乐会分散注意力！

好吧，妈妈，我写完作业再听音乐！

教育小妙招儿：孩子上课总是走神儿怎么办

当发现孩子有经常走神儿的毛病时，一定要给予耐心的教育和辅导，帮助孩子排除心理和生理的因素，专心学习。

分析孩子走神儿的原因

每个孩子走神儿分心的原因都可能不同，作为父母，我们不能武断地认为是孩子自己不好好学习，而应该耐心地找出原因，有针对性地帮助孩子解决学习上遇到的难题，让孩子克服走神儿的毛病。

上课溜号，你是不想好好学习了！

妈妈，我有些看不清黑板！

一定是有原因的！

耐心开导，避免伤害孩子的自尊心

找到孩子上课走神儿的原因后，父母要采取合理的方法去帮孩子克服心理障碍，千万不要伤害孩子的自尊心和自信心，将他们的错误指出来，让他们积极改正。

本来就不聪明，再不好好听课，更啥也学不会了！

我听课也学不会！我就是笨！

用鼓励和奖励的方式提升孩子的学习兴趣

虽然孩子课堂走神儿的原因各有不同，但是总体来说，都是对学习本身缺乏兴趣所致，所以要解决孩子走神儿的问题，应该首先提升孩子的兴趣，可以采用精神鼓励和物质奖励的办法提升孩子对学习的兴趣。

笔记记得这么好，一定是上课很认真听老师讲课了！

选好方法矫正孩子走神儿的习惯

父母要在生活中进行有意训练，如在家里讨论问题时随时中断，听取孩子的意见，这样会训练孩子听别人讲话集中注意力的习惯，也可以经常采用复述转述的方式，让孩子有意识地去记住别人说话的内容和要点。这样形成了习惯，孩子在课堂上就不容易分心走神儿了。

妈妈现在有点儿事，你去把妈妈刚才说的事情转告给爸爸！

好的，妈妈。

成长烦恼

读懂孩子的心事

父母越强势，孩子内心越脆弱

你是这样的父母吗

我认识一个很好的舞蹈老师，我给你报了她的兴趣班！

妈妈，我周日已经被您安排得满满的了，我一点儿自己的时间都没有！

你不好好学习，将来能做什么呢？我都是为你好！

我已经很努力了，您还是不满意！

为什么现在的孩子普遍心理脆弱？当他们缺少了时间和自由，一出生就要被迫安排成为"别人家的孩子"，成为父母眼中可以"炫"和"晒"的资本时，孩子就失去了选择的自由、空间的自由、时间的自由，任何的挫折和批评都会轻而易举地击垮他们。只有当孩子身心舒展、自由地做自己了，才能成长为自信坚强、内心强大的人。

敲警钟：这些做法会养出敏感脆弱的孩子

父母脾气差，经常吼孩子

时间长了，会让孩子变得不断否认自己和缺乏安全感。

你怎么这么不小心！毛手毛脚的，什么都干不了！

儿子，你是最棒的！无人能比！

我是最棒的！

过度表扬孩子

当孩子发现自己并非像父母所称赞的那么好时，就容易陷入自卑和沮丧的情绪中。

打击式教育

许多父母对孩子要求高、标准严，长此以往，孩子就会不断怀疑自己的能力，陷入"我不行"的负面情绪中。

怎么这么笨！

我就是什么都做不好！

孩子承受的期望过高、压力太大

当孩子的自由生长空间越来越小时，精神压力就会随之增大。

这个假期一定要全力以赴，这样开学考试才会取得好成绩！

整个假期都被安排得满满的，我像失去了自由一样！

点醒父母：父母如何做，孩子的内心才会强大

换位思考，尊重孩子

换位思考，尊重孩子，意识到自己和孩子都是独立的个体，有着各自需要面对的课题。

学习压力大可以选择适当方式减压！

允许孩子有空闲的时间

当孩子因为学业、人际关系或重大生活事件受焦虑、烦躁情绪困扰，效率低下、难以集中注意力时，不妨允许他们暂停一段时间，选择不同的方式对抗压力，如到自然环境中散步、听音乐等。

调整压力和期望值

父母要以更加包容的心态看待孩子的每一次练习、每一次考试，即便没有达成目标也没关系。

加油！

怎样才能跳好呢？

让孩子体验挫折

让孩子体验挫折并不是说要刻意制造挫折，而是要给予孩子经历自然挫折的机会，这有助于孩子学会面对困难和挫折，提高他们解决问题和独立思考的能力。

教育小妙招儿：如何提升孩子抵抗挫折的能力

教孩子学会不抱怨

不管遇到什么困难，首先要让孩子学会敢于承担责任。父母不能对孩子事事包办，应该放开手让孩子学会生存和自立。

妈妈，您帮我洗吧！

这是你自己可以独立完成的！

还需要获得五颗星你就可以买一本自己喜欢的书了！

一颗、两颗……

延迟满足

要训练孩子的忍耐力，让孩子延迟获得满足，学会等待是抵抗逆境的一种能力，要让孩子明白很多事情是不能一蹴而就的，学会在坚持付出中等待成功的到来。

换个角度看问题

当孩子遇到困难时，父母应该引导孩子换个角度去看问题。比如孩子考试失利，受到打击，可引导孩子看到自己其他方面的优点，这样就不至于让他（她）在一件事的失败中否定自我。

你已经进步很大了，而且字迹非常工整，值得表扬！

爸爸，我这次考得糟糕极了！

哈哈，没关系，再来一次！

妈妈真勇敢！

榜样的力量

作为父母，我们要身体力行，给孩子们做出表率。输得起，能够承担挫折和否定的人，才有能力去争取成功。

强化成功的经验

根据孩子的具体表现，给予直接、正面的鼓励和肯定，让孩子清楚地知道自己哪里做得很好，强化孩子的成就感。孩子面对困境时，父母可以适时提供实质的协助。

每天都坚持背诵，真的很有毅力！

妈妈，我又失败了！

没关系，慢慢来！

陪伴孩子度过挫败期

孩子在刚面对挫折时，可能会灰心丧气，产生不想再继续努力的念头。此时，父母的淡定和耐心，是对孩子最大的支持。

父母越爱攀比，越容易激发孩子的嫉妒心理

你是这样的父母吗

爱攀比的父母

你看露露，人家咋那么优秀！你再看看你！

那你也不看看人家的爸爸妈妈！

对孩子要求过于严苛的父母

妈妈，我得了100分！

你看你这字写的，怎么这么乱！

嫉妒心强的父母

我也尽心尽力地工作，凭什么先进要评她！

过度溺爱孩子的父母

没关系，只要你好好学习，爸爸什么都会满足你的！

这双鞋是限量款！爸爸，我想买！

　　嫉妒不仅会影响孩子的人际关系，更会影响孩子的身心健康。作为父母，您是否意识到也许是您的教育导致了孩子的嫉妒心理？日常生活中，父母要少一些攀比，多一些鼓励，少一些责骂，多一些宽容，只有这样才能帮助孩子树立自信心，引导孩子把嫉妒化为激发人前进的动力。

敲警钟：父母要了解"嫉妒"背后的原因

父母只有了解孩子嫉妒背后的真正原因，才能有效解决孩子的嫉妒心理。

父母的溺爱是孩子滋生嫉妒的温床

孩子产生嫉妒心理与家长的溺爱有着密切的关系。无论孩子要什么，不管这件物品是不是真正需要，父母都满足的做法，会助长孩子与其他孩子攀比的心理。

妈妈，我也想买和童童一样的鞋！

好哇，她有咱也得有！

父母缺乏正面引导

有些父母只关注孩子的学习，而对孩子的心理关心不够，当孩子产生强烈的嫉妒心时，父母没有与孩子进行有效沟通。

她凭什么票数比我多！以后别想让我给她讲题！

别想这些与学习无关的事情，赶紧去学习！

父母忽视了嫉妒心对孩子的影响

嫉妒心会导致孩子的注意力难以集中，脾气暴躁，影响孩子合作意识与分享意识的发展，最后导致孩子在集体生活中不愿与别人分享与合作等不良习惯。

菲菲，你可以给大家讲讲这道题吗？

我才不要讲，否则下次考试大家就全会了！

点醒父母：容易激发孩子嫉妒心的那些"小事"

嫉妒心，每个孩子都会有，这种情绪是孩子心理发育过程中的正常现象，但善妒却是孩子在成长过程中有意无意被激发出来的，父母的很多行为都在无形之中激发了孩子的嫉妒心理。

用爱试探孩子

父母在生活中总爱威胁和试探孩子，孩子屡生嫉妒，时间久了，这种情绪就会吞噬孩子，也会破坏孩子的安全感。

你再考不好，我就把童童当女儿，不要你了！

用比较引发孩子嫉妒

总是被比较的孩子就会失去平常心，很难平和地看待输赢、名次和评价，甚至见不得别人比自己好。父母拿孩子比来比去，其实就是对孩子的一种打击和否定，孩子觉得自己不管怎样努力都不如别人，自卑就会化成强烈的嫉妒心。

田田，妈妈给你报了数学班！你看人家欢欢的数学学得多好！

为什么欢欢在你眼里什么都好？我是哪里都不如欢欢吗？

教育小妙招儿：帮助孩子消除嫉妒心的方法

嫉妒，是一种比较复杂的心理，它包括焦虑、恐惧、猜疑、怨恨等不愉快的心理状态。但它并不完全是有害的，适度的嫉妒能让人们看清自己的短板，积极进取，努力超越对方。而过度的嫉妒心却会让人生活在痛苦之中。所以父母要正确认识与对待孩子的嫉妒情绪，帮助孩子及时调整心态，把嫉妒化作动力。

反思自己的教育方式

是否经常批评和打击孩子；家庭成员给孩子的关爱是否太少；父母自身的人格特质中存在自卑情结吗等。如果有以上情况，家庭需要做出改变，这些都会影响孩子的心理。

学习不行，干活也不行，真不知道以后你怎么生活！

我明明比佳佳学得好，可为什么老师不选我当科代表？

孩子，现在你一定觉得委屈，妈妈能理解你！

承认孩子的感受

孩子表现出嫉妒的感受时，父母不应该立刻站出来否定，而是应该给予承认和接受。当孩子的情绪得到承认的时候，他（她）的愤怒往往会减弱甚至消失，然后再进行引导，这样更容易获得孩子的接受。

帮助孩子认清自己的心情

当孩子产生嫉妒心理时，首先要让孩子去接纳它，知道那也是自己的一部分。当孩子冷静下来意识到自己的冲动时，父母要给他（她）一些提示，给他（她）一个台阶，帮他（她）走出困窘的境地。当孩子感受到你的爱和支持时，他（她）也会带着新的目光去寻找别人的优点。

爸爸妈妈有时也会嫉妒别人！这是很正常的心理！

嫉妒心可以变成前进的动力！

我会像东东一样努力学习，超过他的！

失败也没关系，妈妈爸爸是你坚强的后盾！

我们永远爱你！

我一定会努力超越自我的！

鼓励孩子超越自我

父母期待的是孩子的积极和努力。无论他（她）成功与失败，父母都会和他（她）在一起。

园园的作文写得好生动啊！

看来我们家要诞生一位大作家了！

帮助孩子发现自己的长处

父母必须帮助孩子建立自信，让他（她）知道自己也有优点，也有为自己而骄傲的资本。

你是这样的父母吗

父母越冷静，越能克制孩子的暴脾气

快点儿写！
又在磨蹭！

砰！啪！

烦死了！！！

快点儿出来
写作业！

我要睡
觉！！！

你这是什么态度？
我还不都是为你好！

我不需要！我不需要你
对我好！

　　青春期的孩子常常表现出强烈的冲动性与攻击性，稍有不如意就会烦躁不安暴跳如雷，此时，更需要父母冷静对待。面对一个暴脾气的孩子，如果父母比他（她）表现得更加激动是不能解决任何问题的，反而会激起孩子更强的攻击性，此时能做的只有耐心和冷静。

68

敲警钟：为什么青春期的孩子会冲动易怒

进入青春期，孩子们的大脑快速发育，学习和生活的压力也日益增加，生理与心理的这种不平衡状态会使得孩子们产生更加强烈的情绪，更容易暴躁易怒！

生理上，进入青春期，身体激素水平改变，大脑发育趋于成熟，行为模式逐渐固化，主导情绪的杏仁核发育成熟，但抑制不合理行为的前额皮质还在发育。

心理上，社会地位转变，渴望获得关注和认同。当意见得不到尊重，就会不受控制地产生情绪波动。这些因素被激素放大，就变成所谓的"叛逆"。

我已经长大了，不用你管！

点醒父母：应该如何应对青春期的暴脾气

青春期对孩子来说是一个非常重要的阶段，父母更是要做好充足的准备去面对孩子的种种问题。

倾听和理解

当孩子因为某件事情大发雷霆时，父母要先保持冷静，倾听他们的想法和感受。

为什么她们不理我？

发生了什么事情，可以和妈妈说说吗？

我可以自己解决！

好的，爸爸相信你！

建立信任

与孩子建立信任是有效沟通的前提，尤其是在青春期，孩子有很强的自主意识和独立意识，对父母很难做到敞开心扉。

提供情绪管理技巧

在孩子冷静的时候，父母可以教给孩子一些情绪管理技巧，如深呼吸、放松练习或体育活动等。

走，我们去散步吧！

我也许可以帮到你！

及时心理干预

如果孩子的情绪发泄行为有些超出预期，比如有危险冲动的破坏行为，愤怒持续时间过长等，应及时进行科学的心理干预。

教育小妙招儿：缓解孩子情绪的好办法

当孩子情绪激动到快失控时，可以劝他们暂时离开当前的环境，转移注意力，做些其他事情。

> 运动让我们更快乐！

多动

通过运动，释放积压的情绪。

> 谢谢你倾听我的烦恼！

多聊

把痛苦说给朋友听，分给他（她）一半，我们就只剩一半了。

> 真是太有趣了！

多笑

做开心的事，让好情绪打败坏情绪。

71

父母越及时了解早恋的原因，越能及时解决问题

你是这样的父母吗

嘿嘿嘿。

嘿嘿嘿。

看啥呢？谈恋爱了？

又傻笑啥呢？谈恋爱了？

　　一到青春期，父母体内的侦察意识就开始迅猛觉醒，孩子的一举一动真的难逃父母的"法眼"，常常是"谈恋色变"，害怕孩子早恋。青春期被心理学家称为"第二反抗期"，也被称为"心理断乳期"。处于青春期的男生女生，最显著的特点就是"变"，身体开始发育，生理上在变，心理上也在变。随之而来的是开始对异性产生关注，并有着相互接近的内在需要。无论男生还是女生，此时对异性产生兴趣都是普遍的、正常的心理现象。

敲警钟：青春期应该更关注孩子的心理变化

处于青春期的孩子，由于性激素的分泌不断增加，其第一性征、第二性征会逐渐发育成熟，孩子的身心会随之产生巨大的变化。他们开始觉得困惑和烦躁，并对自身的变化产生强烈的好奇；同时在面对异性时，孩子的内心会出现一种从未有过的新感觉。父母会发现，孩子开始偶尔出现懒散、注意力不集中、情绪变化明显、疲劳、焦躁等情况。为了更好地帮助孩子理性地认识自身的变化，并及时做出调整，父母应当多关注孩子心理状态的变化。

怎么长了这么多痘痘，丑死了！

长痘痘说明你激素分泌正旺盛，这是青春期很正常的现象！

点醒父母（一）：要了解孩子早恋的原因

父母担心早恋会影响孩子的学业，影响孩子的心理健康，担心过早发生性行为，可是再多的担心也阻挡不了孩子早恋的问题，如何解决才是核心问题。解决早恋的问题，父母要带着接纳和理解的心态来疏通，即了解孩子早恋的三个原因，只有这样才能做到有针对性地解决问题。

第一个原因：青春期孩子性早熟

这个时期的孩子身体快速发育，孩子本能地会对异性有好感，这是很正常的心理状态，如果孩子是因为这个原因谈恋爱，父母首先要真诚地跟孩子做好性教育的沟通，让孩子懂得自尊自爱，这样就不会做出伤害别人和自己的事情。

女孩儿要学
会保护自己！

妈妈，我会
注意分寸的！

第二个原因：孩子可能有从众心理

同学都谈了我也想谈，环境的影响会使孩子内心萌发出对爱情的渴望。这时候父母可以跟孩子敞开心扉地谈，不要打压孩子，要带着包容开放的心态，不要总把自己内心的想法投射给孩子，要始终相信孩子内心的纯真和积极向上的心。

妈妈，我好像喜欢上别人了，我有些担心！

宝贝长大了，开始懂得欣赏和喜欢别人了，这是青春期很正常的事情！

第三个原因：孩子内心缺爱导致的早恋

有的父母平时工作较忙，陪伴孩子的时间少，沟通少；有的父母脾气暴躁，经常打骂孩子；还有的夫妻经常吵架，家里没有爱，孩子在家里没有归属感等，这时孩子就很容易到外面去寻找别人的理解，所以父母首先要做的就是改善家庭环境，改善亲子关系，让孩子能够感受到被爱、被理解、被接纳。

妈妈，我是不是很笨？

在妈妈眼里你永远是最棒的，只是现在你还没有找到更好的方法！

点醒父母（二）：正确沟通与引导很重要

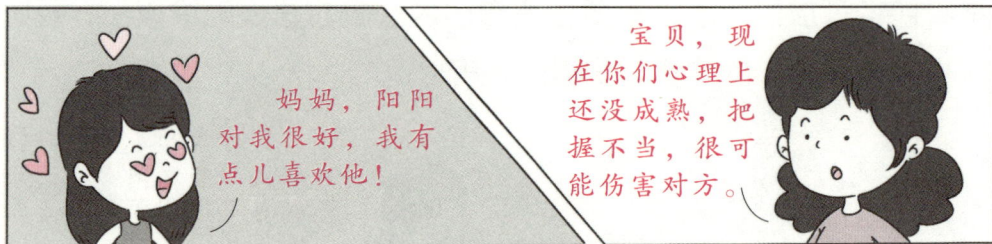

妈妈，阳阳对我很好，我有点儿喜欢他！

宝贝，现在你们心理上还没成熟，把握不当，很可能伤害对方。

是呀妈妈，我如果天天想这些事，一定会很耽误学习！

是的，现在短短的几年学习对未来的人生有很大的决定作用！

等你长大了，更成熟了，才会有大把的时间和精力去应对爱情中的苦与甜。

孩子，你看外面风景多美！

是呀，妈妈，真的好美！

教育小妙招儿：要理性看待孩子的早恋

面对青春期孩子的早恋，普通父母的第一反应都是苦口婆心劝孩子放弃早恋，不要影响学业。这种做法是不对的，要学会理性看待孩子的早恋。

爱美之心人皆有之，妈妈像你这么大时，也愿意看长得帅气的男孩子！

妈妈，我们班长长得可帅了，我喜欢他。

理解孩子的感情

父母首先要做的是保持冷静，控制自己的情绪。有的父母会在极端焦虑中采取不理智的做法，这会造成孩子更严重的逆反心理。父母们要认识到这是孩子成长过程中的正常现象，然后再与孩子进行真诚的沟通。

开展两性教育

孩子出现早恋行为标志着他们开始探索异性与自己之间的不同，对异性产生好奇，父母应该借此机会对孩子进行适当的性教育，帮助孩子理解两性关系。

过早的性行为会给身体带来很严重的伤害！

妈妈，我既不想让自己受伤，也不想别人背负沉重的责任，这对所有人都是伤害！

应该多参加集体活动，它会让人感到快乐和充实！

好充实的一天呀！

鼓励参加集体活动

通过集体活动，孩子可以与更多的同学进行交往，扩大自己的交际圈，充实自己的课余时间。在这些集体活动中，孩子会慢慢分散注意力，将精力逐渐转移到学习和正常的人际交往上来。

避免空洞说教

面对孩子的早恋问题，父母应该努力走进孩子的内心世界，尽可能多地了解他们的内心想法，这样才能让他们用理智战胜情感，全身心地投入学习中去。

妈妈，我觉得好不公平，我那么喜欢他，他却不喜欢我！

爱不是占有，有时候你的爱不能给对方快乐和尊重，这时就要学会放弃。

你是这样的父母吗

父母越乐观，孩子越不容易焦虑

你是这样的父母吗？孩子的压力是来自他们最亲近的人吗？对于青少年而言，他们对这个世界的认知，大部分来自身边可触摸到的地方和接触最多的人。因此，青少年产生内心的压抑和焦虑情绪，在很大程度上也可能源自父母。

敲警钟：您的孩子焦虑了吗

孩子的压力常常善于潜伏。他们可能会有一些压力和焦虑的症状，但是他们却不知道压力或焦虑是什么，他们可能以为自己生病了。首先，要意识到孩子的的确确会感受到压力，要去查找潜伏的或隐秘的压力信号。比如有没有身体症状？他们在学校里表现得是不是很痛苦？他们和朋友、家人的关系怎么样？当孩子有压力或感到焦虑时，往往会出现以下这样的情况。

生理上

容易出现许多不明原因的不舒服，尤其是不明原因的肚子痛，去检查又查不出来，难以入睡，睡着了容易惊醒，夜里翻身多，白天注意力不集中。

情绪上

轻易地哭泣、尖叫，莫名其妙地发脾气，毫无理由地大笑，故意和父母对抗，都可能是孩子释放压力的方式。

点醒父母：焦虑的父母对孩子的影响究竟有多大

人格形成的因素与人的早期成长环境有关，父母与孩子在早期互动中潜移默化地决定了孩子的性格。孩子的内心远比我们想象中更敏感。当父母不能让孩子感受到安全的时候，孩子的心理应对系统就会出现焦虑、抑郁、强迫、暴躁等情绪。

焦虑的父母对孩子的影响

1. 孩子会无可救药地成为跟父母一样焦虑的人。
2. 焦虑的父母培养的孩子易怒、自卑、胆小，没有安全感。
3. 上课注意力不集中，坐不住，小动作不断。
4. 叛逆，等孩子有力量了，不愿意再承受父母的焦虑，会跟父母对着干。

我不要你们管！

焦虑内耗的父母，永远不可能养出自信快乐的孩子。所以作为父母，我们应该积极调整自己的不良情绪，这样的爱才会成为孩子成长的动力。

别太在意他人的看法

每个孩子都有自己的花期和节奏，没有必要把别人的看法捆绑成自己的期待。

接纳真实的自己

接纳孩子之前，我们首先要学会接纳自己，尤其是自己不美的一面。

别过度追求完美

如果我们事事做到完美，孩子便失去了成长的机会；如果我们不能放过自己，那么这种焦虑也会转嫁成孩子的压力。

不要过度敏感

父母在养育孩子的过程中，难免会犯些小错误，遇上点儿小麻烦，太过敏感，只会徒增负担。

释放负面情绪

别什么都藏在心里，释放阴霾才能容纳更多的阳光。只有把内心的阴霾赶走，孩子才能被带动起来。

教育小妙招儿：父母如何帮助孩子应对压力

> 每个人都有压力，压力是生活中不可避免的一部分！我们不能像关掉水龙头一样随心所欲地关掉它，但父母可以通过一些有效的方式来帮助孩子应对压力。

确保他们有一个良好的日常作息。

鼓励他们大胆说出自己的感受和问题。

当他们吐露担心或害怕的时候，要耐心倾听。

当他们表达焦虑时，不要批评，要给予关爱。

多留心他们产生压力的起因。

跟他们聊聊生活中即将到来的变化和挑战。

多花些时间与他们共度平静且放松的时光。

保证他们的体育活动，以及健康的饮食。

鼓励他们获得充足的睡眠。

给他们选择的机会，这样他们就会对自己的人生有些掌控感。

鼓励他们为自己感到骄傲，帮他们建立自尊。

发掘并帮助他们树立优势。

父母要反省自己的期望是否过高。

如果需要，可以求助医生以获得专业帮助。

83

父母越
严苛，
孩子越
容易社恐

你是这样的父母吗

"社恐娃"父母	"社牛娃"父母
你怎么那么害羞！	别害怕，妈妈在你身边！
别人叫你名字，你哑巴了吗？	快告诉大家你叫什么，你看，有好多人要和你交朋友呢！
你真的太让我丢脸了。	加油宝贝，爸爸妈妈为你骄傲！
大家都不爱跟你玩。	宝贝，你要学会分享，不要好东西总是一个人独占。
你这样子没人喜欢的。	你做的事不能让每个人都满意，不要为了讨好别人而失去自我。
愣在那里干吗，像根木头一样。	没关系，我们等下一次再表演好吗？

　　你是哪种父母呢？孩子的社交恐惧绝大多数不是天生的，更多是后天养成的"行为习惯"，比如从小被父母挑剔、成绩不好、长得不好看，总是被他人忽略等。行为习惯既然可以养成，就可以改变。

敲警钟：正确看待孩子的胆怯内向

孩子胆怯可能有两方面的原因：一方面是先天因素影响；另一方面则是由于教养不当引起的，也就是可能存在教养误区。

父母过于严苛，常当众训斥和责备孩子

大多数父母面对孩子胆怯的问题，并不能正确客观地来看待，而是会以简单粗暴的方式对待孩子的胆怯。

真不知道你怕什么！

随意给孩子贴上胆小的标签

美国心理学家贝科尔说："人们一旦被贴上某种标签，那么他（她）就极有可能成为标签标定的人。"事实上，胆怯只是一种正常的情绪反应。

我天生就是胆小的人！

不要独自过马路，太危险了！

过于干预孩子的成长

当父母意识到某一件事情有危险的时候，就会禁止孩子去做这件事，或者父母会帮助孩子去完成。智慧的父母会选择理解并接受孩子的胆怯，并选择正确的方式帮助孩子。

点醒父母：如何克服孩子的社交恐惧症

心理学研究发现，如果长期躲避社交，大脑中分泌的神经化学物质就会有所改变，会导致性格变得敏感多疑。父母要有意识地锻炼孩子与人交往的能力，让孩子与同学、朋友一起玩，逐渐学会谦让、忍耐、协作。

提供支持和鼓励

鼓励孩子积极参与社交活动，给予他们积极的反馈和赞扬，让他们感到自信和自尊。

谢谢晶晶，晶晶招待客人热情且有礼貌，真是长大了！

张阿姨，您吃水果！

毛毛，今天我们约舅舅一家登山去吧！

陪伴孩子逐步适应社交场所

帮助孩子逐渐面对社交场合，可以从小范围开始，例如与家人、亲密的朋友交流，然后扩大范围，让他们逐渐适应和克服社交焦虑。

恭喜你找到了志同道合的好朋友！

我今天在考古探索活动中新认识了一个好朋友。

强调共同兴趣

鼓励孩子参与自己感兴趣的活动和社群，这样他们会更容易与其他人建立起联系和友谊。

孩子，接打电话要有礼貌，要说"你好"，结束通话，要说"再见"。

妈妈，我记住了！

教导社交技巧

教给孩子一些基本的社交技巧，例如如何开始对话、倾听和与他人互动，提供实际的建议和指导，让他们感到更有自信。

我明天要去参加团建活动，这样的活动可以提升团队的凝聚力！

妈妈，我也要好好准备明天的班会！

积极角色建模

父母要成为积极的社交角色模范，给孩子树立良好的榜样，通过自己的行为和态度来鼓励孩子。

孩子，我们来画幅画好吗？

寻求专业支持

如果孩子的社交焦虑严重影响到他（她）的生活和心理健康，建议寻求专业心理咨询或医生帮助，以获得更专业、系统性的支持和治疗。

教育小妙招儿：生活中如何培养孩子的社交能力

一个人的社交能力对其今后发展有着很重要的帮助，那么父母应该教会孩子哪些社交技巧呢？

语言技巧

父母要多倾听孩子的表达，不要随意打断孩子，引导他们把想法正确和完整地表达出来。

不要怕，说说你的想法！

深呼吸，冲动不能解决任何问题！

他推我了！

情绪管理技巧

在生活中，父母要帮助孩子提高情绪管理能力，做到受表扬时不过于骄傲，受到批评时不气馁等。

认知技巧

在日常生活中，多给孩子创造独立思考和解决问题的机会，遇到事情时多问孩子"为什么"和"怎么办"，让孩子养成动脑筋的好习惯。

怎么做效果会更好呢？帮妈妈出出主意！

用这个方法学习效率可以提升一倍！

这个办法真好！

分享技巧

要帮助孩子学会分享，如分享爱好，分享思想。有好的学习方法或有趣的事情，多跟朋友分享交流，友谊会更进一步。

拒绝溺爱

让孩子掌握一些自立本领

父母的爱越不适度，孩子越缺乏责任感

你是这样的父母吗

第一种父母

认为孩子还小，学习压力也大，只要身体好、学习好，其他事情都可以不用操心。

在家不要求孩子分担家务；

孩子自己的事情也全部包办；

家里的任何决策都不让孩子参与。

> 快去学习，我来收拾，学习好比啥都强！

第二种父母

觉得孩子这么大了还是什么都不会，着急了，开始紧盯孩子责任心的发展。

孩子做事的过程中，抢过孩子的活，嫌孩子做得不好；

过分要求孩子，比如要求孩子对大人的情绪负责。

> 这么点儿小事都做不好，以后能干什么？真是替你担心！

有的父母抱怨自己的孩子缺乏责任感，比如，从来不主动收拾用过的东西，将玩具扔得满屋都是，经常找不到书本，写作业时敷衍了事等。可是你们有没有想过导致孩子缺失责任感的根源在哪里呢？

敲警钟：这些都是缺乏责任感的表现

在家总是把玩具扔得到处都是，很难收拾。

老师布置的作业总是记不住或记不全。

上学总是忘带课本、作业或用具。

做事容易半途而废，遇到困难就退缩，不能坚持。

做事拖拉，总爱迟到。

点醒父母：父母的爱要"适度"

父母在养育孩子的过程中要把握好"度"，否则就会剥夺孩子独立探索世界的机会，影响孩子生存、生活技能的培养，降低孩子承担风险的机会，由此导致孩子责任感的缺失。

过度给予

父母总是想尽办法满足孩子的所有需求，或者给孩子所有自己认为孩子需要的东西，比如给孩子买过多的玩具，给孩子过量的零花钱等。父母的过度给予会让孩子误以为自己不需要为任何事情付出努力，从而滋生出自己所得到的一切都是理所当然的错误想法。

孩子，只要你学习好，妈妈就把整屋的玩具都给你买下来！

妈妈，我被老师表扬了！

明天我就去找老师！

妈妈，田田把我的本子弄坏了！

过度保护

父母过度担心孩子受伤而采取的一系列行为，比如孩子不想吃饭，全家上阵哄着喂；孩子被同学推了一下，马上就为孩子出头等。当父母为孩子挡住所有的"困难"或"危险"时，孩子便丧失了面对挑战的机会，缺乏独自面对问题和解决问题的能力，无法独自承担后果，进一步造就了孩子责任心缺失。

过度控制

父母在孩子的成长过程中占据了指挥者的地位，即会安排好孩子的成长进程，要求孩子完全按照自己的要求去做，比如今天吃什么、穿什么、学什么，等等。在控制环境下成长的孩子，由于缺乏独立选择的机会，也就不会存在承担选择后果的机会，一旦长大后拥有独自选择的机会时，很容易做出很多"不负责任"的决定。

这件衣服太花哨了，去换件别的！

可是，妈妈我想自己选择！

过度包办

父母代替孩子做本应孩子来做的事情，影响了孩子生活技能的学习和锻炼，如每天替孩子收拾好书包，等等。孩子在最初尝试做事情的时候，就是责任感萌芽的起始，而做事情的过程，就是建立责任心的重要过程，如果孩子的生活能力和社会能力在成长过程中没有得到相应的提高，那么自然无法拥有承担起责任的能力。

妈妈替你洗！你洗不干净！

可是，我同学都是自己洗的！

93

教育小妙招儿：如何培养责任感

孩子需要在父母和老师的帮助下，加深对责任感的理解，增强责任意识，培养责任感。

从生活入手，感受"责任"的乐趣

一些简单的家务也可以让孩子一起参与，比如包饺子、择菜、洗碗等，让孩子获得参与感与成就感。

> 乐乐，可以帮妈妈择菜吗？

> 妈妈，我可以做好！

> 这个图书角由你来负责吧！

> 妈妈，以后你看书需要到我这里来登记！

从小事入手，感受"权与责"

给孩子提供独立的空间摆放自己的物品。多给孩子一些自主权，激发孩子自我负责及服务他人的责任心。

学会做"示弱的、懒的、不完美的"父母

孩子自己能做的事不要包办，多鼓励孩子独立完成，用价值感引导孩子，别威胁，也别有奖励诱惑。

> 想一想，你可以做到的！

> 妈妈，这个箱子怎么才能打开呢？

父母越不懂放手，孩子的自理能力越差

你是这样的父母吗

一些青春期的孩子自理能力很差，父母希望孩子把全部精力投入学习中，因此从小无微不至地照顾孩子，甚至全面包办孩子的生活。但是当父母看到孩子乱糟糟的房间，或者理所当然不帮忙做家务时，父母又会抱怨孩子这么大了怎么还不懂事。

妈妈在包饺子，孩子想参与，却被妈妈赶走了

妈妈，我也想包饺子……

不用你，你学习好比啥都强！

孩子在洗碗，妈妈让他赶紧下来

你这是洗碗还是洗澡？还是我来洗吧！

我能洗好……

孩子在叠衣服，爸爸站在一边一直唠叨

我不是教过你了吗？先扣扣子！你又不记得了是吧？然后翻过来……

我知道啦！

妈妈生病了，孩子去给妈妈倒水，妈妈不让

妈妈，我来给你倒水！

我没事，你去写你的作业吧。

敲警钟：被家长过度保护会造成什么后果

承受挫折的能力差

从小被过度保护的孩子挫折承受能力会特别差，在面对困难或挫折时就会选择逃避，不知道如何解决。

这么多单词不可能背完！

你没有尝试怎么知道完不成？

今天是不是忘带作业了？

都怪你，都是你忘了给我收拾书包！

独立自主感很差

过度保护会影响孩子独立人格的发展，会有依赖性，不会独立做事和承担责任，也不能靠自己思考做出选择。

不懂感恩

被父母过度保护的孩子会很焦虑，心理负担会很重，对金钱和人际关系的担忧会更强烈，也不会懂得感恩，孩子会变得自私、冷漠、狭隘、无情，形成不良心态。

阳阳，你帮我把桌子挪动挪动！

我才不要！我还要去看书呢！

点醒父母：父母要学会放手

父母需要培养孩子生活自理的能力，为孩子以后的独立生活做准备。

爸爸妈妈尊重你的选择！

我觉得学习羽毛球更适合我！

多让孩子自己做选择

创造机会让孩子做选择，比如想穿哪件衣服，想吃什么菜等，更多地让孩子参与选择，而不是什么都替孩子安排好。这样他们将来对职业、对生活方式、对伴侣的选择，就会更加从容。

尊重孩子的努力

当孩子努力去做一件事的时候，不管他们做得如何，父母都应该积极鼓励，比如孩子第一次做饭，第一次登台表演等。只要得到尊重，他们就会更有信心集中精力去完成。

这是我吃过的最美味的蛋糕！

妈妈，这是我为您烤的蛋糕！

妈妈不会来打扰你的！

谢谢妈妈的理解！

不要问太多问题

孩子到一定年龄阶段以后，会慢慢地有自己的独立思考，也会有自己的小心思、小秘密，父母不要总打探太多，要允许孩子有自己的独立空间。

要鼓励孩子独立思考

在孩子向你发问的时候，别急着告诉他（她）答案，可以鼓励孩子自己思考，自己找答案，从小就训练其独立思考和解决问题的能力，有朝一日面对复杂的社会问题，他（她）才会有能力去自如应对。

风筝怎么才能飞得更高呢？

你可以试着研究研究，相信你会找到答案的！

不要给孩子贴标签

父母和老师可能有意或者无意地给孩子贴上一些标签，比如：这孩子太懒、太笨了……这些标签可能会对孩子的心理产生深远影响，让孩子可能永远被禁锢在那个被定义的角色里。所以一方面不要给孩子贴各种负面标签，另一方面要帮助孩子从已有的负面标签中走出来，寻找机会让孩子看到全新的自己。

都几点了还不起床？真是太懒了！

教育小妙招儿：做这些可以让孩子更独立

创造一些能让孩子动手的环境，比如让孩子洗打不碎的金属碗或塑料碗。

每周安排家庭大扫除，让孩子参与进来，一家人一起劳动。

给孩子明确的家务分工，哪怕做得不好，也让他（她）坚持下去。

干活时适当表达自己的辛苦，让孩子来帮忙分担，并及时表示感谢。

购物、坐车、出门旅游时都难免要跟陌生人交流，鼓励孩子不要害怕开口，要大胆提出自己的需求和问题。

父母越重视,
孩子越能树立
正确的金钱观

你是这样的父母吗

第一种父母

父母觉得家里什么都有,孩子没有需要用钱的地方,怕孩子乱花钱,索性就不给孩子零花钱。在过度的金钱限制下,孩子的需求一直被压抑。

需要什么妈妈去给你买,小孩子拿什么钱!

妈妈,能给我点儿零花钱吗?

第二种父母

父母拼尽全力想给孩子最好的,害怕孩子受委屈,孩子的零花钱绝不会少给,孩子花钱无度也不舍得管,导致孩子养成一些不良的习惯,花钱大手大脚。

想买什么就去买,爸爸妈妈的钱都是给你挣的!

你是哪种父母呢?显然,这两种做法都隐藏着巨大的隐患。那么,如何才能正确培养孩子的金钱观呢?这值得父母们思考。

敲警钟：孩子不能够理性消费背后的原因

随着我国经济的发展，孩子不愁吃不愁穿，很多孩子对金钱没什么概念，花钱大手大脚，盲目攀比，不能够理性消费。那么，究竟是什么原因导致孩子没有良好的消费观念呢？

我爸爸妈妈有很多钱，都是给我的！

可是买这么多会浪费的！

缺乏价值观的认知

一方面是孩子不知道赚钱的辛苦；另一方面是孩子不知道该如何正确地消费。孩子由于年龄关系对金钱认识不足，认为父母给的零花钱就是由自己支配的，导致孩子养成花钱大手大脚的习惯。

父母的过度溺爱

现在的孩子在家里都是宝，要什么有什么，父母或长辈对孩子总是有求必应，这样就会出现孩子花钱肆无忌惮的情况。

只要好好学习，妈妈就给你买！

同学们都买这个品牌的笔，我也要买！

天哪，咱们家都快成商店了！

呵呵，妈妈变成了消费狂魔！

父母的不良影响

父母是孩子的第一任老师，孩子会对父母的言行举止进行效仿。如果父母在日常生活中不能够理性消费，很容易对孩子造成不良的影响。

点醒父母：帮助孩子树立正确的金钱观

告诉孩子钱的来源

作为父母，我们要从小让孩子明白获得金钱是需要付出劳动的，让他们了解家庭收入的来源主要有哪些以及赚钱的不易，让孩子懂得劳动和收获之间的关系，体会父母的辛劳。

爸爸妈妈的钱是通过劳动赚来的！

你可以通过家务劳动赚取"工资"！

我也想工作赚钱！

你已经超出了支出，如果有特殊情况，可以用家务劳动兑换零用钱。

妈妈，我的零花钱用完了，可不可以再给我些零花钱？

让孩子知道钱是付出劳动获取的

父母让孩子明白想要什么，都要通过自己的劳动来获得，这样孩子才会在用钱的时候更加有节制，所以父母可以每月给孩子一定金额的零花钱。

有计划才能让我们理智消费。

妈妈，看，这是我做的这星期咱们的家庭计划支出表！

让孩子参与家庭的财富投资

父母遇到家庭财富管理问题时，可试着让孩子参与家庭开支的管理，比如遇到购买家具、房子等一些家庭开支时，召开亲子家庭会议，与孩子共同讨论目前家中的经济现状，分析此次消费的可行性，锻炼孩子的理财消费思维能力。

妈妈，这些笔我都喜欢，我们全买了吧！

要把家里的使用完再买，我们的钱要用来买更加需要的东西。

父母引导孩子合理支配

父母要让孩子有更多机会自主思考如何谨慎地花钱、存钱，这样会有助于他们在实践中学习管理钱财的技巧。

引导孩子学会储蓄

可以在家庭中为孩子的零花钱设立利息制度，让孩子明白储蓄与利息的关系，使孩子意识到习惯储蓄会为自己带来更多零花钱。也可以带孩子到银行，为他们开一个账户，长期的储蓄习惯有助于孩子形成财富理念。

是的！把钱存进银行收取利息，是人们常用的理财方式之一。

银行

银行帮我们保管钱，还给我们利息？

这个苹果不好吃，我才不要吃！

不好吃就扔掉，咱们买更好的！

垃圾

父母以身作则

有些家长平时就是花钱如流水，渐渐地，孩子耳濡目染，也会形成铺张浪费、盲目消费的习惯，所以家长应该有意识地做好理性消费的带头作用，在言行举止中感染孩子。

教育小妙招儿：如何控制过度消费

1 设立一个目标

2 月底复盘消费

3 避免购物刺激

4 打造胶囊衣橱

5 整理现有的物品

6 学习新的技能

6个办法达到少购买目标。

攒钱三要素

1. 计划购买，不乱消费。
2. 做好记账，不重复购买。
3. 节约用钱，货比三家。

父母越懂得拒绝，孩子越成熟独立

你是这样的父母吗

以牙还牙式拒绝

你再不好好看书，以后就别想再看电视了。

打压式拒绝

你为什么非要让我陪着，想累死我吗？

贴标签式拒绝

考试考成这样还想看电影？不行！

在外人面前拒绝

说了多少遍了，怎么就是不改？

不管什么时候，父母都要敢于对孩子说"不"，让孩子承担自己决定的后果。但是如果用错误的方式说"不"或在错误的情境下说"不"，结果就会更糟。重要的是要知道什么时候用什么方式对孩子说"不"，才可以让"不"发挥作用。

敲警钟：要学会拒绝孩子的不合理要求

> 要学会拒绝孩子的不合理要求，这并非是对孩子的伤害，而是帮助孩子建立正确的价值观和懂得权衡取舍的能力，为他们未来的成长和成功铺路。

当一个孩子无法接受来自父母的拒绝时，他们将面临失望和挫折。然而，这些消极情绪是成长的一部分，如果父母总是迁就孩子，他们会失去这个宝贵的教育时机，导致孩子在成长过程中缺乏适应能力和坚韧精神。

妈妈，今天天气太冷了，我可不可以不去上学？

不可以哦，按时到校上学是每个学生都应该遵守的，妈妈相信你会战胜自己的！

拒绝孩子的不合理要求还有另一个重要原因，那就是教会他们权衡和取舍的重要性。父母可以借此机会教育孩子如何在选择和放弃之间做出明智的决策，使他们在日后面对生活中的种种挑战时更加成熟和独立。

东东，听妈妈说你报名参加了这次比赛？

是的。这次比赛虽然充满了挑战性，但对我来说却是难得的锻炼机会。

点醒父母：如何拒绝孩子才会被接受

温柔地对孩子说"不"

父母不能以居高临下的气势对孩子说"不"，而是要温柔地告诉孩子"这样做不可以，因为……"当孩子从妈妈的表情、语气、动作中看到满满的爱意时，就会很容易接受这一切。

不能出尔反尔

拒绝孩子之后必须坚持下去，千万不可出尔反尔，否则会让孩子觉得大人说话不算数，妈妈也会在孩子面前失去威信。

切忌用交换条件的方式跟孩子说"不"

如果妈妈习惯说"如果你不哭，我就给你买新玩具"等作为条件交换，这样不仅会损坏孩子积极向上的内部动机，还会助长孩子养成动不动就讲条件的坏习惯。

教育小妙招儿：怎样拒绝，孩子不伤心，父母不愧疚

肯定孩子的感受

我知道你还想玩捉迷藏，你还没玩够是不是？

说出拒绝的理由

妈妈现在真的很累了，玩不动了！

安抚孩子的情绪

你很失望对不对，你需要妈妈抱抱吗？还是要自己待一会儿？

等孩子情绪平复后，提供替代方案

那不玩捉迷藏了，妈妈陪你画画好吗？

你是这样的父母吗

父母越正面管教，孩子越有自控力

自控能力对儿童良好人格品质的形成、积极同伴关系的建立和社会适应能力的提高都具有积极意义。可是在生活中家长却常常会遇到这种情况，明明孩子已经玩了很久，超出了规定的时间，孩子还会说"妈妈，我再玩 10 分钟！"这时，作为家长，我们应该怎么回答孩子呢？

第一种

直接夺走手机说"不行"。很多父母会发脾气，直接夺走手机，然后大声呵斥、指责或者滔滔不绝地讲道理。

不行！

妈妈，我想用您的手机玩游戏。

好吧，待会儿记得给我呀。

第二种

直接妥协说"好吧，待会儿记得给我呀"。这种妥协其实就是告诉孩子：你还没有触及我的原则和底线。这样孩子很难在内心建立对规则的敬畏，也会慢慢失去规则意识。

正确的做法

和孩子一起制定规则，而且一旦制定了规则就一定不能让步，而要坚定地执行，坚持下来自然会收获一个守规则又有自控力的孩子。

敲警钟：不要放弃自控力差的孩子

良好的自控力不是一天两天就能锻炼出来的，需要长时间的训练，家人的引导，刻意的练习，从小事开始做起！日常生活中，我们可以通过多次提醒、游戏等方式培养孩子的自控力。

一个小时内必须回来！

多次提醒，让孩子学会自控

孩子在外面玩不想回家，父母可以约定时间，并间隔提醒孩子，不断的提醒才能让孩子记住要遵守自己的约定！提醒不是催促，而是强化孩子的时间观念和自控力！

等妈妈休息的时候……

延迟满足，让孩子学会等待

适当地让孩子学会等待，也有助于提高自控力！让孩子学会等待有很多好处，可以培养耐心，学会体谅他人，不会以自我为中心，养成自我解决问题的习惯等。

点醒父母：自律的孩子是"管"出来的

好孩子是管出来的，但管教不代表瞎管，从很多不自律孩子的家长身上我们发现，这些父母几乎都混淆了管控和管理的概念。管控是什么呢？就是你必须听我的，按照我的要求来做。当你什么都控制孩子，他（她）的自主性就会大大降低。正确的管是管理，那么具体该怎么做呢？

放权加问责

权利和责任是对应的，你要和孩子一起去讨论，让他（她）自主来选择，这就意味着他（她）要自己承担后果。如孩子放学了，他（她）选择先玩一会儿再做家庭作业。父母要尊重孩子的选择，但要和孩子有一个时间约定，如果没在规定时间内完成，就属于违规了，孩子这个时候就知道做事的边界在哪里，久而久之就形成了做事的正确习惯。

要按规定来哟！

你可以按自己的学习方法进行学习！

抓大和放小

抓大是把控孩子的学习习惯，定好一个学习的方向。至于孩子要先做什么，后做什么，用什么方法学习，错了哪几道题，就都是细节的事儿了，这些要教给孩子自己来把控。

教育小妙招儿：让孩子学会自我控制

自我控制第一步　　　停下来：平复自己的情绪

例如，可以找个舒服的地方坐下来；选择一个可以让自己冷静的办法等。

遇到难办的事情，我要读读书，让自己冷静下来。

自我控制第二步　　　想一想：好选择还是坏选择

用"如果……可能会……"的句式帮助孩子思考行为的后果从而做出更好的选择。

画画也是让人静下来的好办法。

自我控制第三步　　　去行动：用最好的方法解决

思考不同的解决方案，考虑每种解决方案的利弊。从不能尝试解决问题到问题有效解决。

冷静下来，不激动。

处世交友

如何使更多人喜欢孩子

你是这样的父母吗

第一种父母：不玩就不玩，他（她）不和你玩，你也不和他（她）玩

当孩子向父母求助时，如果父母总是以我们不稀罕、我们也不和他（她）玩的态度，忽视孩子对社交、情感的需求，会导致孩子变成一座孤岛。

你也不和他玩。

第二种父母：就你这样，谁会和你玩

这种打击、贬低式的回应，不仅会磨灭孩子的自信，长此以往还会让孩子对交友心存畏惧，变得自卑内向。

你这样，谁会和你玩？

第三种父母：你把 ×× 让给他（她），他（她）就和你玩了

父母的过度谦让，潜移默化中让孩子觉得只有放弃自己的权利，才能获得友谊，长此以往孩子很容易形成讨好型人格。

只有那样他才能和你玩。

第四种父母：同学就是嫉妒你。优秀的人都是孤独的，高处不胜寒嘛

父母这种回应，只会让孩子处于一种非常不精准的自我评价体系里面。

高处不胜寒嘛。

孩子被孤立之后，他们最需要的就是理解和支持，父母要看到和安抚孩子的情绪，可以询问孩子：你特别沮丧和挫败吧，那最近一段时间，你是怎么熬过来的呀？这么说，孩子就会跟自己的情绪进行互动和沟通，把自己低落挫败的情绪表达出来，这样就会从一种无力的情绪中，逐渐让自己平稳下来。

你一定非常难过吧！

敲警钟：孩子被孤立的原因大揭秘

第一种：总是以自我为中心，看不得别人好的人。

第二种：卑微、迁就或盛气凌人。

> 青春期，很多孩子或多或少有了自己的小心思，难免形成一些"小团体"，而被排挤的孩子就会处于挣扎、焦虑的状态之中。

点醒父母：孩子被孤立时父母的态度很重要

孩子被孤立时最好的态度是做"策略型"父母，教孩子学会思考、总结、反思的社交策略，这样才能帮孩子从源头上解决问题。

共情孩子的感受，明确问题所在

在孩子受到孤立时，父母不要先指责孩子或其他孩子，而是先共情"妈妈（爸爸）理解你的感受"，然后进一步帮孩子分析被孤立的原因。

用角色互换的方式，让孩子学会换位感受

当孩子被拒绝时，父母要安抚好孩子的情绪，引导孩子理解他人的感受。比如：先破解孩子被拒绝的缘由，再让孩子换位思考，当父母能挖掘孩子被拒绝背后的深层原因，并用角色互换的方式，引导孩子跳出困境，换位思考，孩子理解他人的感受后，负面的情绪更容易释放了。

爸爸，同学成立的学习小组没有我！

想一想，如果你是组长，会让一个从来不懂得帮助同学的人加入吗？

提供可参考的方案，让孩子自我反思

当孩子遭遇拒绝时，鼓励孩子多去表达自己，散发自己的能量磁场，才能吸引真正欣赏他的人，而不是插手替孩子解决问题，可以给孩子多种方案参考，最后孩子在自我反思中，会成功化解难题的。

给你两个建议：一是享受一下独处的时光；二是反思自己，做出改变！

妈妈，桃桃她们最近不理我了！

教育小妙招儿：被人孤立时请疯狂做这几件事

远离

对于爱孤立别人、耍心机的人，最好的办法就是远离他们。

增加能量和气场

爱运动，多学习，让整个人看起来更有精气神。

心里真正强大起来

强大自己的内心，不要把被排挤孤立这件事放在心里。

学会享受孤独

君子之交淡如水，软弱无能的人才会抱团排挤别人。

父母的交往观越正,孩子的社交能力越强

你是这样的父母吗

朋友是孩子成长道路上不可缺少的伙伴,没有人是一座孤岛。但是孩子交朋友,父母往往不放心,存在很多顾虑。那么,干涉孩子交朋友是不是错误的? 绝对不是,由于孩子的"三观"不完善,缺少判断力,所以,孩子交友父母当然要把关,但是干涉过多,孩子又会产生逆反心理,反而容易做出冲动的选择,所以父母要掌握好"度"。

顾虑 1
跟坏孩子交朋友,孩子误入歧途。

顾虑 2
孩子不合群,交不到朋友。

顾虑 3
孩子过于"讲义气",为朋友打架出头。

顾虑 4
朋友太多,占用精力,耽误孩子学习。

敲警钟：放开紧握的手，让孩子到同龄人中去

对外面的世界充满渴望是孩子的天性。但是，一些强势的父母却因为担心孩子在和同龄人的交往中受到伤害或不良影响，而不支持孩子和同龄人过多来往。这种干预看似是在保护孩子，实则会阻碍孩子与人的正常交往。而因为常常不能投入集体活动中，孩子与同龄人之间会渐渐疏远，孩子会越来越孤独。

因此，父母应该放开紧握的手，让孩子到同龄人中去，在玩耍中进步、成长。同时，父母还要因势利导，帮助孩子辨别真正值得交往的朋友，也要提醒孩子注意交往的尺度。

这个活动很有意义，爸爸支持你！

爸爸，周末我想和同学一起参加社会实践！

点醒父母：要帮助孩子树立正确的交往观

保护孩子的独特性，并避免成为讨好型人格

别人不跟你玩，并不代表你不好，他们不喜欢你，可能是因为你和他们不一样，但和别人不一样不是错，所以咱们不用求着和别人玩。

每个人都是独立的个体，都有自己的喜好。

告诉孩子什么才是真正的朋友

不是所有人都可以做朋友的，交朋友是因为两个人在一起玩得开心，只要有一方觉得不舒服、不开心，那就可以离开了。

真正的朋友是相互理解、相互帮助的！

教孩子正视自己，凭自己的优秀去赢得别人的喜爱

告诉孩子要不断地努力充实自己，这样才会有更多朋友。

只有自己强大了，才会受到别人的喜爱！

完美的朋友并不存在

　　孩子总是期待完美的朋友或者完美的友情，可是人无完人，现实生活中尤其是青少年时期的友谊并没有那么完美。对于孩子们而言，觉得自己跟其他人格格不入，渴望更好的友谊，或者失去一些朋友都是再正常不过的事。告诉孩子不能期待某一个朋友能满足自己所有的需求，不同的朋友可以满足不同的需求，这样的友谊才能让人感到充实而满足！

人无完人，每个人都有优点或缺点，完美的朋友并不存在。

妈妈，晶晶太小气了，我不想和她做朋友了！

教育小妙招儿：如何解决人际冲突

学会尊重和包容他人

每个人都有不同的兴趣、爱好和观点，要学会尊重和包容不同的个性和想法。

我们一起玩吧！

练习积极的沟通技巧

孩子们往往在沟通中缺乏经验，容易陷入冲突和误解，要帮助孩子练习积极的沟通技巧，比如倾听、表达自己的想法和感受、理解他人的观点等，这样有助于改善人际关系。

你怎么帮我拿这儿来了？

不是你告诉我拿的吗？

参加校内外活动

参加校内外各种活动，是结交新朋友、拓展人际圈子的好机会。

加油！

理性处理矛盾和冲突

处理矛盾和冲突要冷静客观，理性分析问题，寻求妥善解决的方法，可以请老师或家长协助，帮助解决矛盾和冲突。

对不起！

没关系！

建立良好的人际关系

不仅需要注意自己的言行举止，还需要善于维系人际网络，关注他人的需要和帮助，让他人愿意和你建立更紧密的联系。

这是送给你的！

谢谢！

学会换位思考

父母需要帮助孩子在遇到冲突时学会换位思考。比如可以教孩子"你希望别人怎样对待你，你也要怎样对待别人"。

要学会站在他人角度考虑问题！

你是这样的父母吗

父母附加条件的爱越多，孩子越容易形成讨好型人格

第一种 ●

你不听话，妈妈就不喜欢你了！

第二种 ●

这次考试 90 分以下，妈妈会特别失望哦！

第三种 ●

自己的东西要和别人分享，这样才是爸爸妈妈的好孩子。

每一个"爱孩子"的结果，都有一个条件，这便是父母"有条件的爱"。这种相处模式会延伸到孩子的其他人际关系中，不懂拒绝，形成讨好型人格。所以，在教育孩子过程中，明确告诉孩子，即便你考得不理想，即便你犯了错，即便别的小朋友不喜欢你，妈妈都会一分不少地爱你、支持你，做你永远的后盾。这样，孩子便有了满满的力量感，既敢拒绝别人，也有能力承受被拒绝。

这是我的！

敲警钟：别把孩子养成讨好型人格

你可以帮我把书给晶晶吗？

嗯，好吧！可是妈妈在外面一定等着急了！

边界感被模糊

别人需要帮忙时，即使自己根本不顺便，但还是答应了。

自我被压抑

有人伤害到自己的情绪，但还是忍气吞声，不敢表达。

好丑的画呀！

爸爸，拒绝别人对我来说真的是太难了！

不想做的事情是可以拒绝别人的。

产生习惯性无助

总是不敢拒绝别人，时间久了，便对"拒绝他人"的行为彻底丧失信心，直接放弃。

点醒父母：让孩子学会拒绝才是最好的保护

很多时候，我们会觉得一个孩子很懂事、很乖，让家长省心是好事。但时间久了，我们便会发现这类孩子有很多令人担心的问题：性格过于内向，很压抑，很敏感，容易受到欺负。而孩子不懂拒绝，不会拒绝，拥有讨好型人格大多和父母有关。

父母要改变表达方式

父母在与孩子相处的过程中，首先要让孩子明白：父母对他（她）的爱是无条件的，即使自己拒绝了爸爸妈妈的要求，或者没有达到爸爸妈妈的期望，爸爸妈妈对他（她）的爱同样一分不少。来自父母的爱，能给孩子带来强大的力量，能够让孩子更自信，拥有配得感，勇敢表达自己的需求和态度。

爸爸妈妈的爱，
让我感到温暖！

父母要引导孩子学会表达自我

孩子不懂得拒绝别人的要求，被别人欺负，他们的内心是很难受和压抑的。但他们不会表达，也不敢表达，就会变得更加压抑。父母的爱是他们表达自己的力量，同时，父母也要引导孩子更加关注自己的感受，引导孩子学会去表达，正确表达自己的需求和感受。

不许打我！

父母要帮孩子培养界限感

不会拒绝别人的孩子，通常底线设置得很低，其他人轻易就能越界。父母在教育的过程中不要过于严苛，要让孩子勇于表达自我，认识自己的情绪价值存在即合理，是培养界限感的第一步，孩子不能接受什么、自己的习惯是什么、最喜欢什么等，让孩子对这些东西有认知。有了明显的界限感，孩子就不会轻易地让他人越界，当对方提出不合理的要求时，孩子能够迅速反应，拒绝对方，保护自己。

还给我，这是我的车！

教育小妙招儿：学会用礼貌的语言拒绝别人

这样说"不"，别人不难受

比如：我很愿意帮助你，但我自己的还没完成。

我很想让你玩，但我还没玩够。

我很想借给你，但我现在也没那么多。

我还没玩够呢！

说出真实感受，也是表达拒绝的恰当方式

比如有个小伙伴在分享零食，可是自己又不喜欢吃，怎样拒绝既不让他（她）尴尬，又能表达自己的感受呢？可以这样说："看起来还不错，可是我不喜欢这种口味，谢谢你哦！"

谢谢你的好意，不过我不愿意吃这个！

也可以用幽默的方式来化解拒绝的尴尬

用玩笑的方式向朋友表达自己的顾虑，比如：你说对了，我就是胆小鬼，所以我不去。

我就是胆小鬼，所以我不去。

你是这样的父母吗

父母越能以身作则，孩子规则意识越强

哥哥和弟弟的家庭规则不同。

弟弟考了100分。你呢？你还好意思说！

不是说不可以睡懒觉吗？可是弟弟还在睡。

爸爸不能以身作则，遵守家庭规则。

今天高兴，管他什么规定！

爸爸，再不睡觉就过了规定的时间了！

孩子玩火，妈妈阻止，爸爸拦着妈妈。

不是说过不能玩打火机吗？

没事，打火机也没气了，偶尔玩一下出不了事！

孩子弄乱阅览室，妈妈不劝阻。

你选好想看的书没？选好哪本，我们就走了。

这本不好看，这本也不好看……

俗语说"无规矩，不成方圆"，不论是在家里、学校，还是以后进入社会，都有各种各样的规则，规则意识能够帮助孩子建立良好的习惯，更好地促进孩子的社会化发展。在这个过程中，父母要做好榜样，身体力行是最有效的教育。当孩子看到自己的父母能够遵守规则，自然会去效仿父母，这种潜移默化的影响是发生在每一天和孩子相处的过程中的。

敲警钟：制定规则要注意

一是规则一定要是可执行的。就是尽量把规则具体化，不要那么笼统，比如针对吃零食的规则，什么情况下可以吃，什么情况下不能吃，等等。越具体，规则就越可能执行。

零食不能随便吃！

二是规则的制定要公平公正，不是父母说怎么样就怎么样，有时候可以让孩子参与进来。比如还是吃零食的事，可以让孩子自己来提方案，父母从旁引导。

制定零食规则。

三是规则一旦确定，就不能随意更改了。朝令夕改不仅不利于孩子成长，还会损害父母在孩子心中的形象。

我今早改的。

妈妈，规则怎么变了？

点醒父母：穷养富养都不如有教养

孩子的教养是非常重要的，它可以帮助孩子建立正确的价值观、行为习惯和社会规则。

我们一起看书吧。

建立良好的家庭环境

家庭是孩子成长的第一课堂，营造良好的家庭环境可以为孩子提供稳定的情感支持和良好的家庭教育。

制定明确的规则和期望

在家庭中制定清晰的规则和期望可以帮助孩子更好地适应日常生活，同时也能让孩子明确了解自己应该怎样做才能得到认可和鼓励。

运动时间

真棒！

培养孩子的独立性

鼓励孩子独立完成任务和做决定，这样可以增强孩子的自信心和责任感。

鼓励孩子社交

社交能力是孩子未来成功的关键，鼓励孩子与同龄人交往可以提高孩子的社交技巧，并增强其自信心。

和小朋友一起玩。

教育小妙招儿：如何培养孩子的规则意识

给孩子建立规则

孟子说："不以规矩，不能成方圆。"虽然讲的是治国，但在家庭中也是适用的。父母自己要先明确，哪些事情是原则性的，哪些事情是可以商量的。父母要清楚每一件事的轻重程度，据此制定相应的规则。

不以规矩，不能成方圆。

统一执行标准

规则要统一。

很多父母规则制定得挺好，但执行的时候，今天一套标准，明天一套标准，或者这个人一套标准，那个人一套标准，最后全都乱套了。同样一件事，父母在每次采取措施时，都应该用同一套标准。不能今天不说他（她），明天又很严厉，这会造成孩子的认知混乱。

清楚解释规则

睡前不要吃零食。

父母在要求孩子时，要尽量解释清楚，而不是直接发号施令。比如为什么孩子不能多吃零食，可以用适合他（她）的方式去解释，也可以借助一些科普书、动画片之类的，帮助孩子理解。最后，也是很重要的一点，家长要以身作则，遵守规则。

安全教育

让孩子学会保护自己

父母越早进行防暴力侵害教育,孩子越能正确应对校园霸凌

你是这样的父母吗

别找借口不想上学!人家为什么嘲笑你,不嘲笑别人?

妈妈,我不想去上学,他们总是嘲笑我。

多大点儿事呀,能不能把心思放在学习上?

有个同学总是针对我!

怕什么,又没有谁会把你吃了,妈妈得出门了。

你这衣服怎么又弄脏了,手怎么还破皮了?

没事,是我自己不小心摔的。

妈妈,我害怕,留下来陪我!

对于遭受校园暴力的孩子而言,父母及时发现是很重要的。有的孩子会因为种种原因不愿意及时、主动地告诉父母,这时候就需要父母能够及时发现孩子的隐藏情绪。

敲警钟：提前进行防暴力侵害教育很重要

提前进行防暴力侵害教育很重要！如果父母从一开始就给予孩子十足的安全感和正确的社交引导，会大大降低孩子遭受校园暴力的概率。如果孩子遭遇了校园暴力，也一定会第一时间告诉父母，向父母求助，绝对不会存在不敢说的情况。

我们去那边玩吧！

为什么他们总在一起？

帮助孩子在学校交几个朋友，有朋友在一起，霸凌者就不敢轻易对他（她）进行欺凌。

多关注孩子的状态和情绪，在平时的生活中注意培养孩子的自信心。

为什么你看起来无精打采的？

爸爸永远是你的避风港！

哈哈，爸爸，你需要强壮些！

爸爸妈妈永远都是你最坚强的后盾！

告诉孩子，在外面遇到任何事都不要怕，父母都是他（她）的坚强后盾。

跟孩子一起阅读有关校园霸凌的绘本，引导孩子分辨霸凌，学会保护自己。

这本书可以帮助你了解什么是校园霸凌！

爸爸，被同学踩了一脚算校园霸凌吗？

点醒父母：当孩子遭遇校园暴力时父母应该如何应对

如果父母发现孩子遭受了校园暴力，一定要第一时间跟学校和老师取得联系，及时沟通，冷静地处理问题。父母在处理此类问题的时候，一定要具体问题具体分析，既不能一味地忍气吞声，也不能将问题放大。如果是严重的暴力行为，那么肯定要在第一时间报警，并且跟学校和老师取得联系，追查到底。

正视孩子受到的伤害，第一时间安抚孩子

家长不光要关心孩子的身体，还要关心他（她）的情绪变化和心理健康。有些事情对于成年人来说可能是小事，比如被起外号、被孤立等，但对孩子来说就是很重要的，父母一定要引起重视。

你可以大声说："强强，你不可以这样说我！"

妈妈，强强叫我"胖冬瓜"！

及时站出来，维护孩子的权益

千万不要因为怕惹事，就选择忍气吞声、息事宁人。这时候孩子最需要家长的支持，如果连父母都忍了，孩子就更不敢反抗了。

别怕，乐乐，我和老师说一下情况，让老师和他父母沟通。

爸爸，牛牛他们抢走了我的文具盒！

138

在维权的过程中遇到困难，父母不要轻易退缩

维权要注意方式方法，不是让大家去硬碰硬，但父母的态度对孩子来说是至关重要的。

维权的同时还要保护好孩子，不要让孩子受到持续伤害或二次伤害

如果事情太过严重，父母可以先为孩子转学，再来维权。记住一个原则，就算再生气也要把孩子的健康放在第一位，不要到最后为了置气而置气，反而让孩子受到更多伤害。

教育小妙招儿：如何帮助孩子远离校园欺凌

表现出自信

面对欺凌，你要表现得更有自信。因为只要能让你哭出来，欺凌者就会认为他（她）取得了巨大的成功，因此，不要让他们得逞，不要哭，要尽可能保持冷静，自信地昂首走开。

让开！

不要欺负我们！

大声说出来

面对欺凌，要试着大声说出来，通常情况下，如果你或者其他人能够说出来，其他孩子也都会同意你的观点，一起声援你。

假如你正在被欺凌，告诉大人，不用害怕

面对欺凌，不要害怕，你要告诉负责的大人，通过揭发欺凌行为，你既可以帮助自己，又可以帮助他人。

妈妈，他们欺负我！

你是这样的父母吗

父母安全教育越不缺失，孩子自我保护能力越强

> 在养育孩子的过程中，父母们最关心的还是孩子的健康和安全，孩子的安全是每个家庭的重中之重。父母要重视孩子的安全教育，一定要让孩子学会自我保护与防范。

防范一：诱拐欺骗

1. 让孩子了解坏人的手段

我遇上麻烦了（比如东西丢了），需要你的帮助；

我是你爸爸妈妈或家里其他人的好朋友，是他们叫我来帮助你的（比如接你回家）；

我的孩子和你差不多大，想和你一起玩。

2. 和孩子这样解释

大人遇到困难时，永远不会寻求一个小孩子的帮助，爸爸妈妈也不会轻易让外人去接你或传话。所以，当陌生人要你帮助他／她，或要你跟他／她走时，不要轻易相信。

3. 教给孩子这些策略

✓ 不和陌生人多说话；

✓ 不吃陌生人给的东西、不接受小礼物；

✓ 不要从外表判断人，坏人有时也可能是一位面目慈祥的奶奶；

✓ 不要认为要做"好孩子"就是要帮助所有人；

✓ 教孩子怎样回绝陌生人，比如"我得走了，我妈妈在催我呢"……

✓ 一旦发现情况不对，快速找到警察叔叔或周围穿制服的人。

防范二：身体的侵犯

1. 让孩子了解坏人的手段

他 / 她们会随便看和触摸你们身体的某些部位；

他 / 她们会说好话或强迫你们脱掉衣服或裤子；

他 / 她们也会脱掉并暴露他自己的身体部位；

只要是让自己感觉不舒服的举动，如抚摸、拥抱和亲亲，你们都应该大胆拒绝。

2. 和孩子这样解释

告诉孩子，内衣内裤遮蔽的地方是身体的"隐私部位"，是不能随便让别人看和触摸的。

3. 教给孩子这些策略

√ 告诉孩子，不管你是男孩儿还是女孩儿，别人都不可以看和触摸你内衣内裤遮蔽的部位；

√ 别人也不能强迫你看他们的这些部位；

√ 你可以拒绝任何让你不舒服的身体碰触，拒绝不是"不听话"；

√ 坏人会让你保守秘密，但你一定要第一时间告诉爸爸妈妈；

√ 如果遇到这样的人和事情，你是没有任何错的。

防范三：校园欺凌和暴力

1. 让孩子了解霸凌者的手段

他／她们总是瞄准不爱社交、外表与众不同或性格弱势的小朋友；

他／她们会恶意抢占和破坏别人的衣服、玩具、书等东西；

他／她们会模仿电影中的暴力行为来挑事或解决矛盾；

班级里的小团体和孤立行为；

恶语嘲讽或起外号，比如言语攻击皮肤黑的、胖的孩子等。

2. 和孩子这样解释

虽然大多数小朋友是友善的，但是我们也会遇见一些不想和我们做朋友的人，他／她们可能是看上去高高壮壮的男孩子，也可能是"领导"一个小团体的漂亮女孩子，他／她们不一定是打架或抢东西，也可能是不尊重你或强迫你做不愿做的事。

3. 教给孩子这些策略

√ 锻炼身体，包括身体的协调性和柔韧性，并教孩子一些基本的自卫方法；

√ 强健心理，多给孩子正向的评价，让孩子做到内心强大；

√ 培养孩子的社交能力，开朗、大胆、不卑不亢；

√ 和孩子保持顺畅的亲子关系，让孩子愿意向父母敞开心扉；

√ 必要时"走为上策"，紧急情况下也要适度还击；

√ 第一时间告诉老师和爸爸妈妈；

√ 告诉孩子自己不要去做那个霸凌者或跟随霸凌者；

√ 一旦发现情况不对，快速找到警察叔叔或周围穿制服的人。

防范四：居家安全与自然灾害等

教给孩子安全注意事项与逃生策略

遇到电线断头，切不可随意拉、拔；

不熟悉的电器不乱摸，以免发生危险；

若遇闪电、打雷、刮风，要尽量避开大树和危险建筑物；

平时不到建筑工地的脚手架下或危墙、广告牌下玩耍；

参加大型活动，不推、不挤，防止被人挤伤、踩伤；

不在公共场所、校园内燃放烟花爆竹，也不围观他人燃放；

不在楼梯、栏杆、阳台等处打闹、捉迷藏；

地震逃生，把握地震自救黄金 12 秒。如果发生地震时身处室内，寻找跨度小的地方，如衣柜里、墙角旁、桌子下等。如发生在室外，则要跑向没有电线杆和大树的空旷地带等；

火灾逃生，记住三步：一要捂住口鼻，拿出可用的毛巾、口罩、衣服等，喷上足够的水，将口鼻捂严；二要熄灭身上的火源，如身上着了火，应当立即脱掉着火的衣服，或者通过在地上打滚的方式将火熄灭；三要寻找逃生出口，尽快逃离火场。

水灾暴发，不要惊慌，冷静观察水势和地势，迅速向附近的高地转移，如基础牢固的屋顶、大树等。如果附近无高地可以躲避，要迅速找到有浮力的物品以方便逃生，如木盆、木板等。

敲警钟：孩子天不怕地不怕，真的是一件好事吗

在日常生活中，有些孩子看似无所畏惧，但这种过度胆大或许并不总是利好。勇敢和安全之间的平衡是需要关注的焦点。胆子大的孩子常常表现出鲁莽和冲动，这可能让他们置身于危险之中。虽然胆小害怕也不完全是坏事，但是缺乏自我保护意识的孩子可能会面临更多风险。

小心！

缺乏必要的知识

孩子缺乏安全意识可能是因为缺乏必要的知识。

小心烫手！

缺乏必要的经验

有些孩子被过度保护，没有机会获得必要的生活经验。

不要野浴！

缺乏安全教育

孩子的自我保护意识比较差，需要家长多关心、多提醒，比如防溺水、防中毒、防摔伤、防触电等安全方面的提醒。

点醒父母：安全教育的误区

现在大部分父母的安全意识很强，对孩子的安全问题非常关注，平时也会注意对孩子进行安全教育，但是并不是所有人都能科学、有效地教育孩子，他们在做法上存在一些误区。

把安全教育变成了空洞说教

"不要碰插座""上学路上不要横冲直撞""谁敲门都不要开"这些话是不是特别熟悉，我们不少父母为了加强孩子的安全意识，总是会事无巨细地进行教育、提醒，结果安全教育变成了空洞说教，请你换位思考，如果我们是孩子，听了会不会反感？即使是理性的大人，我们也不喜欢别人喋喋不休地说教，更何况还在学习变得理性的孩子。

不要玩火！

以否定、制止为主要方式

我们的安全教育常常是告诉孩子不要这样、不要那样，都是在否定、制止孩子，这会让原本充满好奇的孩子下意识地退缩，不敢再向陌生的领域前进一步了，因为大人告诉他，那里充满危险，这样长期下去孩子变得畏畏缩缩，即便是安全的活动，也不敢去尝试、探索。而安全教育的目的是要培养孩子主动规避风险、处理风险的能力，而不是把孩子变成一个胆小、失去探索欲的人。

背对着我，我也不敢开门！

叔叔来了！

重保护而轻教育

许多父母觉得孩子小，没有能力保护自己，为了防止发生意外，就处处严加防范，竭尽所能地保护孩子，比如过马路必须大人牵着走，上下学必须接送，从不让孩子一个人出门，等等。渐渐地父母和孩子都习惯了这种保护模式，觉得省事还安全，安全教育就被忽视了，孩子的自我保护能力就很弱。

妈妈不在家，我好害怕！

教育小妙招儿：让孩子增强自我保护意识

作为父母，我们总是希望孩子能够健康快乐地成长，远离危险和伤害。然而，在日常生活中，孩子可能会遇到各种意外和危险，比如意外伤害、欺凌等。因此，教会孩子如何增强自我保护意识，提高自我保护能力，是每个父母必须关注的问题。

让孩子学会识别危险

父母应该教会孩子如何识别危险，比如哪些物品或行为是危险的，哪些地方是不安全的。同时，要告诉孩子不要随意跟陌生人走，不要随意触摸危险物品等。这样，孩子们才能更好地避免危险。

要遵守交通规则！

警察叔叔，有人打我！

让孩子学会拒绝和求助

父母应该教会孩子如何拒绝别人的不合理要求或行为，并且不要害怕向家长、老师或警察等求助。同时，告诉孩子在遇到欺凌时要学会拒绝、报告老师或家长等。这样，孩子们才能更好地保护自己。

增强孩子的身体素质

孩子的身体素质是自我保护的重要保障。家长应该鼓励孩子多参加运动，锻炼身体，增强体质。同时，也要注意孩子的营养均衡，保证孩子的健康成长。

培养孩子的社交能力

孩子的社交能力也是自我保护的重要因素之一。父母应该鼓励孩子多与同龄人交往，培养他们的社交能力。同时，也要教育孩子如何处理人际关系，比如如何与同学相处、如何处理矛盾等。这样，孩子才能更好地与人交往，避免冲突和伤害。

这个给你！

谢谢！

你是这样的父母吗

父母越懂得用爱和智慧陪伴，越能构筑起孩子网络的防火墙

也没有人陪我玩，我玩会儿电脑行吗？

我带你去放风筝吧，天气这么好，多难得。

对不起，宝贝，我们不应该忽视你的感受。

你和爸爸总吵架，我玩会儿电脑可以忘掉烦恼。

有些网站很恐怖，一打开个人信息就会被盗走。

太可怕了，原来上网也要小心坏人。

青春期的孩子在生理和心理方面都会产生一定变化，他们的情感需求会大大增加，如果长期无法与人进行有效的情感交流，就会感到孤独，从而痴迷于网络上的互动。

敲警钟：网络安全无小事

　　接触网络其实就是接触整个社会，如果把网络想象得过于纯净，没有自我保护意识，就很容易遇到各种麻烦，父母一定要对孩子讲一讲网络安全原则和如何避免成为"网中之物"。

网络社交要注意安全

　　在网上结交朋友也是锻炼社交能力的一种方式，不过，网络容易让人们放松警惕，所以父母一定要教育孩子在网络社交中保护自己。

网贷是陷阱不是馅饼

　　网贷会让我们掉入消费主义陷阱，不懂得理性消费。网贷利息和手续费非常高，一旦你还不上，他们会诱导你去继续借款来偿还之前的欠债，这样他们便可以再次收取高额的手续费、服务费等，从中获利更多。

不要轻信可以快速赚钱的方法

　　网络和现实生活一样，都没有天上掉馅饼的事情，掉下来的只有或大或小的陷阱。看起来越是能发大财的机会往往越是大陷阱，比如传销、刷单、网络赌博等。

点醒父母：父母要用爱和智慧构筑起孩子心中的防火墙

父母要告知孩子，涉及"黄赌毒"的网络信息是绝对不能浏览的，并陪孩子通过观看影视作品等形式了解其危害。

网络成瘾本质上是人对给其带来创伤或者刺激性不够的现实的一种逃避。也就是说，无论是成年人还是青少年，沉迷网络是因为那会带来一种心理上的安慰。而因为在现实生活中得到什么都需要付出努力，所以人容易沉溺在可轻而易举"拥有一切"的网络中。

因此，父母要让孩子意识到，网络带来的快乐是虚幻的，偶尔可以用来舒缓情绪，但终究不是真实的生活。同时，父母还要锻炼孩子的抗挫折能力，让孩子拥有乐观的心态，遇事不逃避。

不要沉迷网络。

教育小妙招儿：有效防止孩子痴迷于网络

对于出生在网络时代的我们来说，网络一步步成了我们生活的必需品。有了网络似乎让我们每个人都拥有了一个取之不尽、用之不竭的"外援"。这些对于心智尚未发育成熟的孩子来说更是产生了无比巨大的吸引力。那么，究竟孩子应该如何正确使用网络，远离网络陷阱，不沉迷网络游戏，学会自我保护呢？孩子本身面对诱惑没有自控能力，这其实与孩子身心发育不成熟、没有树立起正确的学习观有关，父母应该对此进行一定的引导，并做好正确的示范，让孩子不需要在网络中寻求慰藉。

要让孩子信任父母

父母只有获得了孩子的信任，成为孩子主动倾诉的对象，才能真正地走进他们的内心世界，了解到孩子的真实想法，才能"对症下药"帮助他们。

用健康的活动转移孩子的注意力

多与外界接触，参加一些文体活动，如制作航模、打球、看一本自己喜欢的书，引导孩子转移兴趣。其实，"有益的玩就是学，有趣的学就是玩"，处理好学和玩的关系，就能使学习成绩迅速提高。

哈哈，太好玩儿了。

引导孩子合理安排时间

父母可以合理安排孩子的时间。例如，做完作业才可以上网，并限制时间，以每天半小时为宜。孩子遵守约定时给予表扬；违反约定时给予批评。

今天学习时间规划得很好！

我们一起来做运动！

要指引孩子参与现实活动

家长要培养孩子一些基本的兴趣，或者鼓励他们交一些志同道合的朋友，共同学习、生活，互相帮助，互相支持鼓动，让孩子有群体的归属感。

改变对孩子的错误教育方法

许多父母的教育方式过于简单，要么一味溺爱、放纵，要么过度管控，最终导致孩子性格不成熟，使孩子不能合理应对外界事物。事实上，对孩子施行正确的家庭教育，是减少网络成瘾问题的关键。